Klaus Bendel

Der Seelenfütterer - Glauben (er-) leben

Klaus Bendel

Der Seelenfütterer - Glauben (er-) leben

Geschichten, Gedichte und geistliche Texte

Fromm Verlag

Impressum / Imprint
Bibliografische Information der Deutschen Nationalbibliothek: Die Deutsche Nationalbibliothek verzeichnet diese Publikation in der Deutschen Nationalbibliografie; detaillierte bibliografische Daten sind im Internet über http://dnb.d-nb.de abrufbar.

Bibliographic information published by the Deutsche Nationalbibliothek: The Deutsche Nationalbibliothek lists this publication in the Deutsche Nationalbibliografie; detailed bibliographic data are available in the Internet at http://dnb.d-nb.de.

Coverbild / Cover image: www.ingimage.com

Verlag / Publisher:
Fromm Verlag
ist ein Imprint der / is a trademark of
OmniScriptum GmbH & Co. KG
Heinrich-Böcking-Str. 6-8, 66121 Saarbrücken, Deutschland / Germany
Email: info@frommverlag.de

Herstellung: siehe letzte Seite /
Printed at: see last page
ISBN: 978-3-8416-0545-0

Inhaltsangabe:

Wie kannst du all dies zulassen, Gott?

Umfassende Zerstörung, tote, verletzte, umherirrende Menschen.

Fassungslos, ja hilflos rufen wir zu Gott: Gott, du liebst uns, wie kannst du dieses Leid zulassen?

Gott liebt uns, er liebt uns so sehr, dass er uns zwar Regeln gegeben hat, doch lässt er uns alle Freiheiten, wie wir hier damit umgehen.

So haben wir die Freiheit uns durch moderne Technik das Leben zu erleichtern. Tun wir dies jedoch „ohne Rücksicht auf Verluste", dann bekommen wir die dunklen Nebenwirkungen unserer modernen Welt zum Beispiel durch den Klimawandel zu spüren. Das Ergebnis sind extreme Wetterlagen, die wie auf den Philippinen Tod und Verwüstung über die Menschen bringen.

Freiheit - Die Freiheit hat eine Schwester – sie heißt Verantwortung. Doch die Verantwortung lassen wir gerne links liegen, denn die Verantwortung schränkt uns ein und wirft einen Schatten auf unsere geliebte Freiheit.

Verantwortung zeigt uns unsere Grenzen auf. Übernehmen wir Verantwortung, so kann Rechenschaft von uns gefordert werden. Rechenschaft über unser Tun und Rechenschaft über unser Lassen.

Doch Freiheit und Verantwortung haben noch eine dritte Schwester.

Ihr Name ist Hoffnung. Es ist die Hoffnung, die uns die Kraft gibt, die Freiheit nur insoweit zu genießen, wie es die Verantwortung zulässt. Die Hoffnung, dass wir trotz unserer Fehler von Gott geliebt sind, Die Hoffnung dass wir Gottes Vertrauen in uns gerecht werden, seine Schöpfung bewahren lernen und für unsere Fehler einstehen.

Gott will unser Hoffnungsträger sein und er ist uns mit Jesus Christus ganz nah gekommen. Jesus Christus ist uns ganz nah ... nur **ein** Gebet weit von uns entfernt.

Zur Fastenzeit

Am Aschermittwoch ist alles vorbei .... ? Jubel, Trubel, Heiterkeit ....

Sobald der Höhepunkt und Abschluss der Faschingszeit vor der Tür steht. Mit Faschingsumzügen, Ausgelassenheit, und Feste feiern.

Wird bis zum Faschingsdienstag bei uns die 5.Jahreszeit getanzt, gesungen und mit Alkohol so richtig in Schwung gebracht!

Und danach?

Am Aschermittwoch ist alles vorbei!

Das Ende von "Jubel, Trubel, Heiterkeit".

Noch schlimmer! Mit dem Aschermittwoch ist nicht nur der Fasching vorbei, sondern es beginnt die 7-wöchige christliche Fastenzeit.

Selters statt Sekt - Brot statt Schnitzel ... und wozu?

Zugegebener Maßen hält sich an Aschermittwoch der Appetit nach üppigen Mahlzeiten bei durchzechtem Faschingsdienstag eher in Grenzen; doch was ist mit den restlichen 44 Tagen die zwischen Aschermittwoch und Ostersonntag liegen? Da fällt es schon schwerer zu verzichten.

Was bewegt Menschen, sich trotzdem dieser Tortur des Verzichts zu unterziehen?

Die einen nutzen die Möglichkeit, um abzunehmen.

Andere betreiben das Heilfasten, um ihren Körper zu entschlacken.

Wieder andere wollen durch den selbstauferlegten Verzicht, die Entbehrungen der Armen in der Welt mitfühlen.

Permanentes Glücksgefühl, ständig satt zu sein und nie Durst zu verspüren, lässt uns abstumpfen.

In der Fastenzeit können wir innere Zwänge überwinden und müssen zu uns selbst "Nein" sagen. Das gibt innere Stärke und ein neues Gefühl für die wichtigen Dinge im Leben. Deshalb freue ich mich auf diese Zeit.

Wie wir uns die Zeit nehmen zu Fest, Freude und Ausgelassenheit, so sollten wir uns auch die Zeit nehmen zu Enthaltsamkeit, Nachdenken, Ruhe und Gebet.

Denn: ***Ein jegliches hat seine Zeit, und alles Vorhaben unter dem Himmel hat seine Stunde*** (Prediger 3,1)

Eine Osternacht

Wäre ich nur früher losgegangen

jetzt irre ich hier in der Dunkelheit umher und sehe die Hand vor Augen nicht – hoffentlich kommt der Mond bald hervor, damit ich wenigstens meinen Weg erkennen kann.

Wäre ich nur früher losgegangen

Wo bleibt nur der Mond mit seinem Licht?

Jetzt bin ich schon zum dritten Mal über die Wurzeln gestolpert und gestürzt. Der Boden ist kalt und feucht – kalt und feucht wie in einem Grab. Ich spüre den Stein an dem ich mich gestoßen habe. Er ist rau und kalt und tot ...

Wo bleibt nur dem Mond mit seinem Licht.

Wird es so sein, wenn der Tod nach mir greift?

Dunkelheit, Kälte, klamme Feuchte. Rau und kalt wie dieser Stein – wie der Stein vor Jesu Grab ... – ich zittere – vor Kälte – vor Angst?

Wird es so sein wenn der Tod nach mir greift?

Woher kommt Hilfe?

Wie gelähmt liege ich da. -- Ich rapple mich auf, taste nach Halt. Wieder aufrecht stehend, blicke ich in die dunkle Leere vor mir. Nur weg hier, denke ich und möchte losrennen. Doch wie? Vor mir ist nichts als Dunkelheit und Leere – Dunkelheit und Leere blockieren meinen Weg, wie ein Fels, ein schwerer Stein vor einem Höhleneingang. Wer kann die Dunkelheit vertreiben?

Woher kommt Hilfe?

In der Nacht ist alles ganz anders.

Wie oft schon bin ich bei Tage diesen Weg gegangen. Alles war mir vertraut. Die Weinberge auf der linken Seite. Die uralte Weide an dem kleinen Weiher mit der Bank. Die Weide ist am Tage voller Leben - die zwitschernden Vögel kann man schon von weitem hören. Doch nun in dieser Nacht finde ich nur Dunkelheit und Kälte und Tot.

In der Nacht ist alles anders.

Kein leichter Weg.

Guter Gott schenke mir Kraft und Zuversicht. Lass mich nicht verzweifeln an dieser Leere, die nun vor mir liegt. Wie mein Heimweg werden sollte, sah ich schon genau vor mir. Zwar beschwerlich und steil, doch mit der Vorfreude darauf, dass das Schwere geschafft werden wird, bin ich losgegangen. Ich wusste, es wird …

… kein leichter Weg

Standhalten!

Wie einst die Frauen an Jesu Grab. Einen letzten Dienst wollten sie Ihm erweisen. Kein leichter Dienst, kein leichter Weg, doch eine Herzenssache. Nun war Jesu Leichnam verschwunden. So standen auch sie vor einer Leere und konnten ihre Aufgabe nicht erfüllen; ihren Weg nicht weiter gehen. Irritiert standen Sie im leeren Grab - Verzweiflung machte sich breit. Was sollten sie tun? Es blieb ihnen, wie auch mir nur eins:

Der Verzweiflung …

… standhalten!

Ein wenig Ruhe

Wie ein Sack voller kalter schwerer Steine, drücken Angst, Kälte und Dunkelheit auf meinen Körper – auf meine Seele. Wie gerne würde ich diese schweren Seelensteine eintauschen gegen einen einzigen wärmenden Sonnenstrahl oder das Licht einer Kerze.

Jesus, mein Herr und Bruder, schenke mir ein wenig Licht und Wärme – schenke mir ...

... ein wenig Ruhe.

Geborgenheit

Vorsichtig taste ich mich weiter vorwärts. Immer noch ist alles Dunkel um mich herum. Ich spüre eine kalte Wand aus Stein. Aus Sandstein, rau behauen. Erfühle ich tatsächlich die Wand eines Gebäudes. Wohnt hier jemand? Finde ich hier Hilfe? Ich ertaste eine Öffnung in der Wand, eine modrige Türe steht offen. Vorsichtig taste ich mich ins Innere. Ich erfühle ein Bank. Endlich ein Platz zum Ausruhen. Endlich ein wenig ...

Geborgenheit.

Noch immer ist es dunkel.

Niemand ist hier. Doch drücken die Seelensteine nicht mehr so sehr. Es fühlt sich so an, als wären mir einige „Steine vom Herzen" gefallen. Einige Steine konnte ich ablegen, doch noch immer ist es schwer. Noch immer ist es kalt – **noch immer ist es dunkel.**

Warten auf das Licht.

Zitternd liege ich auf einer feuchten Bank in einer kalten Höhle. Ich denke an Jesus. Wie sein toter Körper einst in einer solchen Höhle abgelegt worden war. Ein Fels wurde vor die Öffnung gerollt. Dunkelheit und Kälte breitete sich aus.

Die Nacht liegt wie ein Fels vor dem Eingang **meiner** Höhle. Dunkelheit und Kälte ist alles, was ich noch spüre. Ich bete zu Jesus: Herr und Bruder, bleibe bei mir in dieser Nacht, ich bitte dich …

Es bleibt nichts als zu beten. Zu beten und zu warten – zu …

… warten auf das Licht.

Ein neuer Morgen.

Die Finsternis vor meiner Höhle ist vertrieben. Ich blicke auf den Weg vor dem Eingang.

Zunächst ist noch alles verschwommen. Doch mit jedem Augenblick wird alles klarer. Ich erkenne das grüne Moos auf den Steinen am Boden, die Wurzeln über die ich in der Nacht gestolpert bin.

Ich erkenne die Bäume entlang des Weges. All die Vögel, die ich in der Nacht vermisst hatte, begrüßen mit Ihrem Gesang den neuen Tag.

Ich richte mich auf. Alles tut weh, doch ich bin froh und glücklich. Das Tal der Dunkelheit ist durchschritten.

Mühsam erhebe ich mich und trete hinaus ins Licht.

Jesus hat mich durch die Nacht getragen und nun hat er mir einen neuen Tag geschenkt.

Ich kann meinen Weg wieder erkennen. Ich muss nicht mehr in der Dunkelheit verharren.

Ich kann all die schweren Seelensteine ablegen und hinter mir lassen.

Das göttliche Licht leuchtet mir voran.

Es leuchtet mir voran und wird es immer wieder tun, auch dann wenn ich wieder einmal in der Dunkelheit unterwegs sein werde.

Ich bin nun sicher: Auf jede Nacht folgt …

... ein neuer Morgen

Ein „Schutzzaun“ fürs eigene Leben

Der Winterschlaf ist vorbei. Die Frösche freuen sich auf ihren Teich. Doch, oh Schreck:. Während sie schliefen, wurde eine Autobahn gebaut. Noch vor wenigen Jahren bedeutete dies den sicheren Tod für tausende von Fröschen und Kröten während der „Krötenwanderung" zu ihren angestammten Laichgewässern

Doch wo sie nun. hin?

Ganz einfach! Man legt Krötenzäune an, um die Kröten bei ihrer Wanderung zu leiten und zu schützen.

Unser himmlischer Vater hat uns schon vor 2000 Jahren einen „Schutzzaun" an unserem Lebensweg aufgebaut.

Er hat uns die Möglichkeit eröffnet, allein durch den Glauben an Jesus 'Christus ein sinnvolles und' erfülltes Leben zu führen. Und nicht nur das. Mit dem Bewusstsein auf ein Leben nach dem Tod wird auch am Ende des irdischen Lebens nicht einfach eine Türe zugeschlagen. Ich bleibe nicht einfach in einem dunklen Raum zurück, ohne Gefühle - in einem Nichts. Da ich Christus an meiner Seite weiß, bin ich geborgen -jetzt und für die Ewigkeit.

Doch soweit müssen wir gar nicht vorausdenken.

Auf allen Wegen kann Jesus unser Begleiter sein.

Er ist unser, Trost, wenn wir verzweifelt sind.

Er freut sich mit uns, wenn wir erfolgreich sind.

Er misst uns nicht nach unseren Leistungen, sondern nur an unserem Glauben.

Wenn Sie es zulassen, kann er zum Ruhepol und Antrieb in Ihrem Leben werden.

Nicht alle Kröten halten sich an den Krötenzaun. Einige versuchen, die Schutzwand zu übersteigen, und begeben sich auf die gefährliche Straße. Auch große Teile der Menschheit haben bei Weitem nicht verstanden was wahrer Glaube bedeutet. Oft verlassen getaufte Christen den Weg des Glaubens. Viele kennen den christlichen Glauben nur aus ihrer Kindheit.

Die Geschichten von Adam und Eva oder der Krippe im Stall klingen kindlich und wenig hilfreich für die Probleme des täglichen Lebens. Leider ist diese Ansicht weit verbreitet, und man schämt sich eines solchen kindlichen Glaubens.

Doch mit dem Glauben ist es wie mit dem Schreiben lernen. Erst schreibt man einfache Buchstaben, dann ganze Wörter. Im Laufe der Zeit werden daraus Sätze, Aufsätze oder Bücher. So lernt man als Kind die Grundsätze des Glaubens kennen, als Jugendlicher werden die Kenntnisse erweitert. Im Laufe seines Lebens eröffnet sich dem Menschen immer mehr von der göttlichen Wahrheit. Doch leider brechen viele die „Ausbildung" ab und verlassen den Weg des Glaubens. In reichhaltiger Freizeitgestaltung oder reiner Arbeitswut suchen sie die Erfüllung ihres Lebens.

Alle Wege führen nach Rom

So lautet ein berühmtes Sprichwort. Mit dem Glauben ist es ähnlich. Wie in der Blütezeit des Römischen Imperiums, als Rom das Zentrum der Welt war, kann heute, im Leben jedes Einzelnen, der Glaube der Mittelpunkt des Lebens sein. Und ganz gleich, welchen Weg Sie im Leben einschlagen, es gibt immer eine Kreuzung oder Einmündung, die zum Glauben führt. Es ist niemals zu spät dafür!

...und wenn doch etwas fehlt,

Seien Sie neugierig auf das Leben, testen Sie es aus. Wenn Ihnen dennoch etwas fehlt, könnte es die Gemeinschaft im christlichen Glauben sein: Ich lade Sie ein, Ihren Glauben neu kennen zu lernen. Kommen Sie zum Gottesdienst; kommen Sie ins Gespräch; kommen Sie auf den Weg zum Glauben an Jesus Christus!

„Lehre mich, HEER, deinen Weg, ich will wandeln in deiner Wahrheit..."

(Psalm 86,11)

Pfingsten, oder vom Ufer aus fischen ...

„Und als der Pfingsttag gekommen war, waren sie alle an einem Ort beieinander. Und es geschah plötzlich ein Brausen vom Himmel wie von einem gewaltigen Wind und erfüllte das ganze Haus, in dem sie saßen. Und es erschienen ihnen Zungen, zerteilt wie von Feuer; und er setzte sich auf einen jeden von ihnen, und sie wurden alle erfüllt von dem Heiligen Geist und fingen an zu predigen in andern Sprachen, wie der Geist ihnen gab auszusprechen."

So ist das Pfingstwunder nachzulesen in Apostelgeschichte 2, 1-4. Die Jünger Jesu sitzen beisammen und, wie von Jesus angekündigt, kommt der Heilige Geist über sie.

Und nun? Was soll werden?

Die Jünger könnten nun abwarten, bis Interessenten aus anderen Ländern zu ihnen kommen, um von Jesus und seiner Heilsgeschichte zu erfahren. Sie könnten Räume einrichten, um die verschiedenen Besuchergruppen aus den verschiedenen Ländern zu empfangen. Das wäre doch angebracht hinsichtlich der Menschenmenge, die bereits jetzt vor dem Haus versammelt ist. Wenn sich das Wunder erst herumspricht, würden die Massen strömen.

Doch Jesus wollte seine Jünger zu „Menschen**fischern**" machen. Ein Fischer wirft sein Netz nicht vom Ufer aus, sondern fährt mit dem Schiff auf die oft raue See hinaus, um einen großen Fang zu machen.

Ebenso waren die „Menschenfischer", die Apostel, aufgefordert, in die Welt zu ziehen und die gute Nachricht allen Völkern **zu bringen**.

Wir als christliche Gemeinde stehen in der Nachfolge dieser Apostel.

Doch trauen WIR uns hinaus auf die raue See des weltlichen Lebens, oder fischen wir lieber vom sicheren Ufer unserer sicheren Gemeindewelt und bleiben mehr oder weniger unter uns?

Wir müssen uns hinauswagen, wenn wir das Netz des großen Menschenfischers füllen wollen - denn vom Ufer aus geht das nicht!

Steigen Sie ein in das Schiff, das sich Gemeinde nennt ...

Tod und Leben - Leben und Tod

Das Meer- Wiege des Lebens.

Und Gott sprach: Es wimmle das Wasser von lebendigem Getier" (Mose 1,20)

Das Meer - Lebensraum für Millionen Tier- und Pflanzenarten.

...aber auch

Das Meer unberechenbar, nicht zu zähmen

Das Meer eine todbringende Naturgewalt.

Zwei Seiten einer Medaille...

Wie klein fühlen wir uns, angesichts der Macht der Naturgewalten. Wir werden damit auf den Boden der Tatsachen zurückgeführt. Viele spüren, wie sinnlos der oft rücksichtslose Kampf um Land, Geld und Macht ist. Es ist gerade so, als würden sich Flöhe darum streiten, wem der Hund gehört, auf dem sie leben,

Die Herren der Welt

Wir meinen, wir seien die Herren über unser eigenes Leben und hätten „alles im Griff". Doch weit gefehlt. Als Krönung der Schöpfung genießen wir zwar eine Vormachtstellung gegenüber allen anderen Lebewesen, vergessen jedoch oft, dass wir dennoch nur ein Teil der Schöpfung sind und nicht der Schöpfer selbst.

Gott ist der Schöpfer des Himmels und der Erde.

Gott schenkt irdisches Leben und nimmt es auch wieder.

Unfassbar sind die Bilder, die uns aus den Seebebengebieten erreichten. Viele tausend Tote, Verwüstung, Krankheit, Hoffnungslosigkeit.

Doch auch hier gibt es die andere Seite der Medaille...

Unfassbar der persönliche Einsatz der Helferinnen und Helfer, die oft unter Gefährdung der eigenen Gesundheit und unter großen seelischen Belastungen „Erste Hilfe" leisteten und leisten. Auch die riesige globale Spendenbereitschaft - einfach unglaublich, wenn man an die wirtschaftlichen Jammertöne der vergangenen Jahre denkt.

Ein Ruck der selbstlosen Menschlichkeit ging durch die Welt!

Eine „Auferstehung" christlichen Handelns.

Wie trostlos muss der Tod Jesu auf seine Gefolgsleute gewirkt haben. Alles, aus und vorbei! Doch auch hier: „Der Schein trügt". Ostern ... Wir feiern die Auferstehung Christi. Doch auferstehen kann nur, wer zuvor sein irdisches Leben verloren und alles aufgegeben hat.

Gott gibt uns durch das Leben, das Sterben und bis hin zur Auferstehung seines Sohnes einen kleinen Einblick davon, wie unermesslich viel größer Gottes Schöpfung ist - weit über die Grenzen des irdischen Daseins und menschlichen Erfassungsvermögens hinaus.

Fürchte dich nicht! Ich bin der Erste und der Letzte und der Lebendige. Ich war tot, und siehe, ich bin lebendig von Ewigkeit zu Ewigkeit und habe die Schlüssel des Todes und der Hölle." Offenbarung 1, 18.19

Welch österlicher Segen, dass wir Christus gehören und das ewige Leben haben!

Gott macht Urlaub!

Und nun?

Er lässt alles stehen und liegen und schaltet einmal so richtig ab.

Nicht nur einen Tag, wie nach der Erschaffung der Welt, nein!

Nach all den Mühen, die er mit seiner Menschheit hatte, nimmt er sich fest vor, eine längere Auszeit zu nehmen.

Er schaltet seinen Gebetsanrufbeantworter an und spricht einen Text darauf, der die Betenden auf seine Abwesenheit hinweisen soll:

Gott drückt auf die rote Aufnahmetaste des Gerätes und spricht:

„Liebe Bittsteller..."

- Halt nein das kann man so nicht sagen, denn Beten ist ja- nicht nur bitten, sondern auch danken."

Also noch mal: „Liebe Bittsteller und Danksager..."

Doch was ist mit denen, die mich einfach nur loben und preisen, und mit. denjenigen, die für andere beten?

Beten, genau!

Gott spult das Band zurück und spricht :

„Liebe Betende und lieber Betender, vom 1. Juli bis zum 31. August bin ich im Urlaub. In dringenden - Fällen übernimmt die Vertretung ..."

Ja, wer soll mich vertreten?

Er überlegt, welchen seiner Engel er als seinen Stellvertreter bestimmen soll.

Seine Erzengel Michael, Gabriel oder Raphael?

Alle sind hervorragende Boten Gottes, aber als Vertretung für eine so lange Zeit? Nein, das würde nicht .funktionieren.

Gott denkt plötzlich an die kleine Lisa, die für ihren kranken Vater gebetet hatte, und an Frau Guamba, die es so schwer hat in ihrem Dorf...

Er zieht den Stecker aus dem Gebetsanrufbeantworter und packt ihn ,wieder in den Schrank.

Er kann halt nicht aus seiner Haut.

Der Urlaub wird auf unbestimmte Zeit verschoben.

So ist in unserer oft so unsicheren Zeit eines sicher:

Auf Gott ist Verlass, und er steht zu seinem Wort, das auch heute noch gilt:

„Siehe, ich bleibe bei Euch alle Tage bis an der Welt Ende."

Auch im Urlaub!

Lasst uns Brücken bauen

Als im Jahr 1980 der Fußgängersteg über den Neckar zwischen Ludwigsburger Stadtteilen Neckarweihingen und Hoheneck eröffnet wurde, freuten sich die Bewohner beider Stadtteile über die Möglichkeit, nun auf direktem Weg zum jeweils anderen Stadtteil gelangen zu können. Sie mussten nun nicht mehr den langen Umweg über die Neckarbrücke in Kauf nehmen. Die Freude darüber war so groß, dass seither in regelmäßigen Abständen ein „Brückenfest" gefeiert wird.

Ein weltweites „Brückenfest"

Die gesamte Christenheit feiert mit Weihnachten ebenfalls ein. solches „Brückenfest".

Als Gott seinen Sohn auf die Erde sandte, baute er eine Brücke zwischen ihm und der Menschheit. Mit Jesus Christus stellte er eine direkte, Fleisch gewordene Verbindung zu uns her. Christus ist die Brücke, die zu Gott führt.

Wir müssen jedoch zwei Dinge mitbringen, damit wir über diese Brücken gehen können.

Zum einen ist es die Nächstenliebe, von der Jesus sagt: *„Denn das ganze Gesetz ist in einem Wort erfüllt, indem: Liebe deinen Nächsten wie dich selbst*!"

Doch was ist noch nötig, um zu Gott gelangen zu können?

Jesus selbst antwortet uns: *„Du sollst den Herrn, deinen Gott, lieben von ganzem Herzen, von ganzer Seele und von ganzem Gemüt."*

Die Liebe zu Gott und die Liebe zu den Menschen - mehr ist nicht nötig, um ins Himmelreich zu gelangen. Der feste Glaube an Jesus Christus, Gottes Sohn, ist die massive Brücke, durch die uns die Himmelspforte offen steht.

Mit diesem Vertrauen zu Jesus Christus haben wir einen festen Halt in unserem täglichen Leben; und noch viel mehr: eine Perspektive für eine Zukunft nach dem Ende unseres irdischen Daseins. Denn, wie Paulus im Römerbrief schreibt: „ Wenn wir mit ihm verbunden und ihm gleich geworden sind in seinem Tod, so werden wir ihm auch in der Auferstehung gleich sein."

Schönheit ist vergänglich

Doch wir sollten unsere begrenzte Zeit auf Erden nicht verschwenden. Lasst uns Brücken bauen zwischen den Menschen und zwischen den Menschen und Gott. Es gibt sicher auch in Ihrer Nachbarschaft oder Ihrem beruflichen und gesellschaftlichen Umfeld einsame Menschen. Versuchen Sie Menschen, die an den „Randgebieten“ unserer Gesellschaft leben, in unsere christliche Gemeinschaft zu integrieren. Sprechen Sie diese Mitmenschen an. Erzählen Sie Ihnen von der Kraft und der Zuversicht, die der Glaube an Jesus Christus in jedem von uns weckt. Dies wäre doch ein guter Vorsatz für das neue Jahr! Machen Sie den ersten Schritt und lassen Sie sich nicht von Äußerlichkeiten abhalten. Der Mensch ist mehr als nur sein äußerliches Erscheinungsbild, welches ständigem Wandel unterzogen ist. „Himmel und Erde werden vergehen, meine Worte aber vergehen nicht." (Markus 13,31)

Nun, viel Erfolg beim „Brücken bauen".

Wenigstens einen „Goldener Oktober“

Nach solch einem Sommer wünschen wir uns wenigstens einen „goldenen Oktober“. Wenn schon die „schönste Zeit des Jahres“ mit Regengüssen gesegnet ist, dann soll sich wenigstens der Herbst von seiner sonnigen Seite zeigen.

So auch in unserem Leben: Nach so mancher Durststrecke hoffen wir auf eine Zeit der Erfüllung und der Zufriedenheit.

Doch nicht immer ist uns Menschen ein solcher „Goldener Oktober des Lebens“ vergönnt. Zu oft erfassen uns, oder unsere Lieben, Krankheit, Unfall oder Verbrechen. Menschliche Gemeinschaften werden zerrissen, und man steht plötzlich alleine da.

So folgt auf einen „verregneten Sommer“ ein „stürmischer Herbst“ und manchmal auch ein „eiskalter Winter.“

Wir fühlen uns verlassen—Gottverlassen.

Hört Gott unsere Gebete?

Schwere Schicksalsschläge treffen uns, und wir fragen:

„Wie kann Gott all dies zulassen?“

„Ist Gott wirklich Allmächtig?“

„Hat er wirklich alles im Griff?“

„Falls ja, warum hilft er dann nicht?“

In solchen Situationen kann es leicht passieren, dass der Glaube über Bord gespült wird und im Meer unserer Schmerzen und Ängste untergeht.

„Wo ist der „immer liebe Gott“, der uns von Kindheit an begleitet und alle unsere Wünsche erfüllt? Der uns vor allem Bösen bewahrt und aufpasst, dass uns nichts geschieht?“ — Diesen Gott gibt es nur in unserer Phantasie. Unermesslich ist die Enttäuschung, wenn dieses Wunschbild des „immer

lieben“ Gottes vor unseren Augen wie eine Seifenblase zerplatzt. Besonders Kinder, sind regelrecht geschockt, wenn der „immer liebe Gott“ plötzlich auch Böses zulässt, ein Elternteil oder ein Geschwisterchen krank werden oder sterben müssen. Solche Erlebnisse können den Glauben an Gott zerstören. Wir müssen unseren Kindern und uns selbst zeigen, dass das wahre Leben Höhen und Tiefen bereithält, und der wahre Gott diese Höhen und Tiefen auch zulässt.

Die Bibel erzählt uns davon.

Der wahre Gott toleriert weder alles was wir tun, noch erfüllt er uns alle unsere Wünsche. Er lässt zu, dass uns auch Schlimmes widerfährt. Doch unser Glaube darf darunter nicht schwach werden. **Wie Eltern ihre Kinder lieben, so liebt Gott uns.** Und wie Eltern nicht alle Wünsche ihrer Kinder erfüllen, werden unsere Gebete von Gott zwar immer gehört aber nicht immer erhört. Ein kleines Kind versteht nicht, warum es nach der 2.Tafel keine weitere Schokolade mehr bekommen soll, und so begreifen wir Erwachsenen nicht, warum uns die „Schokolade unseres Erwachsenenlebens“ unser „Wohlbefinden“ und unsere „Zufriedenheit“ zuweilen verwehrt werden.

Häufig können wir Gottes Handeln nicht begreifen, doch dürfen wir nie vergessen:

Die Wurzel seines Handelns ist seine Liebe zu uns.

Denn der Herr verstößt nicht ewig, sondern er betrübt wohl und erbarmt sich wieder nach seiner großen Güte. (Klagelieder3)

Babbeln

Die Menschen in Babel verloren durch ihren Hochmut, den sie durch den Bau des Wolkenturms an den Tag gelegt hatten, ihre einheitliche Sprache
Jedes Volk hat seine eigene Sprache — keiner, versteht den Anderen.
Das hat sich bis heute nicht geändert. Hierbei scheint es jedoch kaum die

Sprachbarriere an sich zu sein, die eine Verständigung und ein Verstehen der Menschen, untereinander verhindert. Durch die während der Kolonialzeit verbreiteten „Weltsprachen" kann man sich in der Regel auf Englisch oder Französisch weltweit irgendwie verständigen.

Bei wichtigen Staatsgeschäften übersetzen Dolmetscher die Äußerungen der Staatsoberhäupter - und trotzdem gibt es keine Verständigung.
Ob zwischen Palästinensern und Israelis, zwischen Pakistani und Indern oder auch innerhalb eines Volkes wie im Irak. Dass Gewalt die globale „Weltsprache" geworden zu sein scheint, zeigen auch die Anschläge von New York und Madrid.
Doch wir brauchen nicht bis ans andere Ende der Welt zu reisen.

Ob bei der Arbeit, in der Schule, auf der Straße und auch hinter der verschlossenen Tür. - ein „Perpetuum Mobile" ist die Spirale der Gewalt. Einmal angestoßen, läuft sie immer, weiter...
Es gibt nur eines, was diese Maschinerie stoppen kann:
Die Liebe Gottes, durch Jesus Christus verkündet und gelebt.
»Du sollst den Herrn deinen Gott, lieben von ganzem Herzen, von ganzer Seele, von allen Kräften und von ganzem Gemüt,
und deinen Nächsten wie dich selbst. « Lukas 10,27
Damit dieses Gebot bis in den hintersten Winkel der Welt getragen werden konnte, kam an Pfingsten der Heilige Geist über die zwölf Apostel, und jeder redete, von Gottes Geist erfüllt, in einer fremden Sprache, so dass auch jeder Fremde im Land die „Gute Nachricht" verstehen konnte.
Lassen Sie uns nicht nachlassen, den Aposteln nachfolgend, Gottes Wort und damit Gottes Liebe zu verbreiten, damit das Pfingstwunder nicht vergessen wird und die Liebe Gottes letztlich die einzige Weltsprache wird.

Ernte(ge)dank(en)

Zeit für Gedanken – Zeit zu gedenken – Zeit um zu danken …

Es ist Juli. Noch ist es nicht so weit. Zwischen dem Heute und dem hoffentlich erntereichen Herbst liegt noch ein langer und erwartungsgemäß warmer Sommer. Warum sich also jetzt schon mit dem Erntedankfest beschäftigen?

Wofür sollen wir eigentlich danken? Die meisten von uns kaufen Ihre Lebensmittel im Supermarkt und nur ein kleiner Teil der Menschen unserer Gesellschaft baut seine Lebensmittel selbst an.

Diese Menschen spüren am ehesten, wie wenig der Mensch dazu tun kann, damit aus dem zarten Pflänzchen übers Jahr eine reiche Ernte wird. Man hegt und pflegt und doch kann ein einziger Hagelschauer alles zunichtemachen. Hier fällt das Danken für eine gute Ernte eher leicht. Doch wofür soll der Rest der Menschen danken?

Danke! – Nicht nur für Obst und Gemüse…

Ob beruflich oder privat gibt es bei jedem von uns tausend kleine und große Ernten. Der verständnisvolle Chef, das Geschenk der Familie, die persönliche Gesundheit, die Kraft, auch mit schwierigen Zeiten fertig zu werden, die Zuversicht stets bei Gott geborgen zu sein…

All dies und noch vieles mehr ist es wert, für diese „Lebensernte" dankbar zu sein.

Nicht nur, aber im Besonderen an Erntedank,

sagen wir danke. Wir zeigen dies durch einen besonderen Dank-Gottesdienst. Wir bringen Erntegaben vor den Altar des Herrn und zeigen so zum einen unsere Dankbarkeit und Liebe zu unserem himmlischen Vater und zum anderen die Liebe zu unserem Nächsten, der unsere Hilfe benötigt.

Die „Leehre" von der Ähre

Adalhard hatte sich schon gefreut auf die Reise nach Aachen. Nach diesem langen harten Winter war nun endlich der Frühling gekommen - alles grünte und blühte. Adalhard wollte in die Stadt fahren, um Saatkörner zu kaufen. Er hatte gehört, dort gäbe es Weizen, der doppelt so große Körner hervorbringen würde wie der Weizen den er sonst immer angebaut hatte. Doch am frühen Morgen hatte es plötzlich angefangen zu regnen. Ein Sturm kam auf, Blitz und Donner ließen das Haus erheben. Erst gegen Mittag beruhigten sich die Naturgewalten. Adalhard freute sich, denn nun konnte es endlich losgehen. Doch der Sturm hatte einige alte Bäume umgeknickt, die nun den schlammigen Weg in die Stadt versperrten. Er rief seine Knechte und machte sich an die Arbeit, die Bäume vom Weg zu entfernen. Sie mussten mehrmals den klapprigen Wagen beladen, bis alles Holz in das kleine Gehöft gebracht worden war, das Adalhard sein Eigen nannte.

Die Reise nach Aachen musste verschoben werden, denn schon zog ein neues Gewitter auf. Nachts, als ihn Blitz und Donner nicht schlafen ließen, schimpfte er leise vor sich hin: „So ein Elend! Hört denn der Regen nie auf? Den ganzen Tag musste ich knöcheltief durch den Schlamm stapfen, um die umgestürzten Bäume wegzuräumen. Wenn ICH das Wetter machen könnte, dann würde ich alles besser machen..." Mit diesen Gedanken schlief er ein.

Im Traum hörte er plötzlich eine Stimme: „Adalhard, warum bist zu so unzufrieden?"

„Wer spricht da?" antwortete er.

Wieder hörte er die Stimme: „Adalhard, warum bist zu so unzufrieden?"

„Das schlechte Wetter hat mir den ganzen Tag verdorben, dabei hatte ich mich so auf die Reise gefreut...," erwiderte er. „Wenn ich das Wetter machen könnte, würde ich alles besser machen!"

„So sei es!" sprach die Stimme. „Ich gestatte dir, das Wetter zu. gestalten. Wenn du sagst, dass es regnen soll, dann wird es regnen, wenn du meinst, die Sonne soll scheinen, dann wird sie scheinen. Das ganze Wetter liegt von nun an ganz in deiner Hand!"

„Welch ein seltsamer Traum“, dachte Adalhard, als er morgens erwacht war. Es regnete noch immer.

„Wenn es nur endlich aufhören würde, dieses Unwetter - ich sehne mich nach der Sonne“, dachte er - und tatsächlich hörte es auf zu regnen, und die Wolken verschwanden. Die Sonne schien in sein Gesicht und wärmte ihn.

Sollte es tatsächlich wahr sein? Das wollte er jetzt doch genau wissen: Ein leichter Regenschauer sollte genügen. Kaum hatte er daran gedacht, fielen schon die ersten sanften Regentropfen auf die Erde.

Er dankte Gott, denn er war sich sicher: Kein anderer war es, der im Traum zu- ihm gesprochen hatte.

Von nun an ließ er die Sonne scheinen, bis die Wege trocken waren und er in die Stadt fahren konnte, um seine Weizensamen zu kaufen. Nachdem die Körner im Boden waren, ließ er es regelmäßig - regnen, aber nur nachts, denn er wollte ja am Tag die Sonne genießen. Auch die Pflanzen schienen sich an dem regelmäßigen Wechselspiel zwischen nächtlichem Regen und täglichem Sonnenschein zu erfreuen. Sie wuchsen schnell in sattem Grün. Besonders der neue Weizen war eine wahre Augenweide.

Als nun die Zeit der Ernte näher gerückt war, ging Adalhard durch die Felder und erfreute sieh an den prächtigen Pflanzen. Doch etwas stimmte nicht mit ihnen. Sie waren kräftig und grün doch ... die Ähren waren leer. Kein einziges Korn befand sich dort, wo er die reiche Ernte erwartet hatte. Hastig lief er durch das gesamte Feld - überall dasselbe Bild kräftige Pflanzen mit leeren Ähren.

„Oh Gott“, rief er mit hochgereckten Armen

„Oh Gott,- was hab ich nur falsch gemacht?"

Ganz einfach Adalhard“, sprach Gott „Du hast vergessen den Wind blasen zu lassen!"

Adalhard wollte sich schon selbst für die reiche Ernte danken. Er alleine hatte es in der Hand, doch ohne Gottes Hilfe ist es nichts geworden, obwohl alles so gut ausgesehen hatte. Er sah nur das Schlechte an Sturm und Wind. Dass der Wind die Pollen des Getreides weiter trägt und für die Bestäubung sorgt, damit eine reiche Ernte überhaupt erst wachsen kann, kam ihm nicht in den Sinn. Adalhard hatte die besten Vorsätze, und doch ist er gescheitert, weil er nicht die gesamte Schöpfung im Auge hatte, sondern nur sein eigenes Wohlbefinden.

Wie oft versuchten wir schon, die Kontrolle über die Schöpfung zu erlangen, doch immer wieder müssen wir eingestehen, wie wenig göttlich unsere Handlungen sind. Die Ergebnisse wie Klimawandel und Hungersnöte gereichen uns nicht gerade zur Ehre...

Doch mehr und mehr glauben wir, durch Forschung, Wissen und Technik selbst für uns sorgen zu können - ohne Gott... und ohne Dank?

Doch warum wächst aus der im Winter so dürr und tot scheinenden Weinrebe im Herbst die köstliche und volle Frucht? Der Mensch pflegt zwar die Pflanze, aber es ist Gott, der Leben schenkt.

ICH danke Gott für den Regen und den Sonnenschein, die uns Leben spenden,

für die Ernte – für das Leben

für den Wind und die Stürme unseres Lebens, die uns zeigen, wie klein und verletzlich wir sind...

..und ich danke Gott dafür, dass wir für IHN trotzdem das Größte sind.

Zufriedenheit – wo kann ich sie finden?

Die Menschheit steht wie vor der Mauer
sie sucht Zufriedenheit, auf Dauer.

Sie haben doch so viel geschafft,
mit ihrer eignen Hände Kraft.

Durch der Menschheit hellen Geist,
der den Weg zur Zukunft weist,

kamen wir schon weit voran,
auf der Menschheitslebensbahn.

Moderne Technik führt uns weiter,
höher auf der Menschheitsleiter.

Doch wächst nicht nur die Technik an,
in gleichem Maß wächst Größenwahn!

Wer nicht so will, wie man es tut -
gibt man ihm Druck, nimmt ihm den Mut.

Und lässt der Druck den Andern kalt,
geht es weiter mit Gewalt.

Gewalt geht her, Gewalt geht hin,
doch bald schon sieht man keinen Sinn,

im Prügeln, Stechen, Schlagen -
bleibt weiter nichts als Klagen.

Auch wem's gelingt, mit Kampf und Hetzen,
sich gegen Andre durchzusetzen,

ist gegen Missmut nicht gefeit,
verfehlt er die Zufriedenheit.

Trotz allem Geld und aller Macht,
ersteht sie vor ihm über Nacht

die Mauer - er kann sie nicht umlaufen,
kann nicht bestechen und nicht kaufen.

Ein einzig Durchgang verschlossen fest,
die Hoffnung wieder flammen lässt.

Gar niedrig ist er, nah am Boden
der Dornen muss man viele roden.

Sich niederknien in Schlamm und Dreck,
erniedrigen an Ort und Fleck.

Und drückt ihn noch des Beutels Last,
durch dieses Tor er niemals passt.

Teilt er sein Gut erst mit den Armen,
denkt auch an andre mit Erbarmen,

lebt er nicht mehr für sich allein
geht er durch diese Tür hinein.

Liebt er den Andern, so wie sich,
und fragt nicht immer:
„Wo bleib ich?“

So wird er fündig in der Not
find die Zufriedenheit bei Gott.

In Gottes Liebe, Gottes Frieden,
ist jedem Menschen es beschieden,

zu lösen sich von Druck und Zwang,
und das sein ganzes Leben lang.

Dazu noch in der Hoffnung leben,
es wird da noch was Andres geben.

Der Tod auch keine Macht mehr nimmt,
bei dem man Christ im Herzen findt´.

Leben mit Christus als Geleit –

so findest du Zufriedenheit

Winterstimmung

Ganz schön eisig unser Winter! Doch die Kälte hat auch ihre schönen Seiten: ein Spaziergang, um die frische Luft einzuatmen und sich auf ein wärmendes Zuhause zu freuen.

Doch was ist, wenn es kein wärmendes Zuhause gibt? Was ist, wenn der „Spaziergang" in eisiger Kälte kein Ende nimmt? Wie wichtig ist dann eine helfende Hand, die uns aus dem eisigen Griff des Winters herausreißt, der uns umklammert hält. Für die Menschen, die am Rande unserer Gesellschaft leben, kann diese Hilfe über Leben und Tod entscheiden. Für Obdachlose sind soziale Hilfsdienste ein Schutzraum, der ihr Überleben sichert.

Die Wohnungslosenhilfe bietet neben Aufnahmehäusern auch eine Fachberatungsstellen, betreutes Wohnen, eine Tagesstätte und organisiert gemeinsam mit Kirchengemeinden die Winteressen.

Doch nicht nur im Winter kann der Gang durch das Leben zu einem „eisigen" und einsamen Spaziergang werden. Von aller Welt allein gelassen, so fühlen sich viele Menschen.

Sie gehen durch ihr Leben wie an einem kalten Wintertag – immer auf der Suche nach einem „wärmenden Zuhause"; nach menschlicher Nähe.

Wenn Sie mit offenen Augen durchs Leben gehen, werden Sie immer wieder auf solche Menschen stoßen. Werden Sie selbst zur helfenden Hand. Ihre Hand wird mitunter weggestoßen, doch viel öfter auch ergriffen. Lassen Sie sich nicht entmutigen!

Geben Sie etwas weiter von der Liebe, die Gott in Ihr Herz gelegt hat, und schenken Sie Ihren Mitmenschen ein offenes Ohr und ein offenes Herz.

„Du sollt deinen Nächsten lieben wie dich selbst; ich bin der Herr."

Ausgebremst

Er wollte in Urlaub fahren. Zusammen mit seiner Frau den Wohnwagen anhängen und weg. Weg vom Stress in der Arbeit, weg vom Ärger mit den nun fast erwachsenen Kindern, weg von den stündlich immer gleichen Fragen seiner demenzkranken Mutter, einfach für eine Woche weg, weg von allem.

Wie immer musste jedoch am Auto noch einiges gerichtet werden. Das Auto brauchte ein neues Lenkgetriebe, neue Stoßdämpfer und eine neue Auspuffanlage. Er bestellte die Teile und fing dann an ein Teil nach dem anderen zu erneuern. Nach dem Einbau des Lenkgetriebes wollte er aus der Werkstatt fahren und fuhr dabei beinahe in die Reparaturgrube. Sobald er nach links lenkte fuhr das Auto nach rechts und sobald er nach rechts lenkte fuhr es nach links. Der Ersatzteillieferant hatte ein falsches Ersatzteil geschickt. Da er nur das eine Fahrzeug hatte, musste er nun das neue Lenkgetriebe aus und das alte vorübergehend nochmals einbauen. Einen Samstag hatte Ihn die Aktion gekostet. Am nächsten Samstag machte er sich an die Stoßdämpfer. Hierfür hatte er 3 Stunden veranschlagt. Beim Ausbau der alten Stoßdämpfer kam es dann wie es kommen musste. Eine der alten Schrauben brach ab. In mühevoller, dreistündiger Arbeit musste er diese Schraube ausbohren. Weitere 3 Stunden später war der Einbau der Stoßdämpfer dann abgeschlossen und er völlig am Ende.

Am Freitag darauf wurde das nachgelieferte Lenkgetriebe nochmals ausgetauscht. Das ging recht flott, denn er hatte ja schon Übung darin.

Anschließend demontierte er den defekten Auspuff der jedoch so stark verrostet war, dass er beim Ausbau dann völlig auseinander brach. Das Ersatzteil lag ja schon bereit, daher kein Problem ... eigentlich. Beim Einbau des neuen Ersatzteils musste er dann feststellen, dass auch der

Auspuff, den er vorsichtshalber von einem anderen Lieferanten bestellt hatte, ebenfalls nicht passte.

Am nächsten Tag brachte seine Frau das neue über 2m lange Auspuffteil in ihrem Kleinwagen in die Mietwerkstatt, wo die teilzerlegte Familienkutsche stand. Innerhalb von 20 Minuten war der Auspuff eingebaut. Er war ja schließlich ein erfahrener Schrauber…

So konnte die Fahrt in den Urlaub losgehen.

Irgendwie hatte er das Gefühl etwas vergessen zu haben, aber was soll´s – jetzt ist erst einmal Urlaub. Seine Frau und er hängten ihren Wohnwagen an den frisch reparierten PKW. Wider Erwarten ging nun alles glatt. Die Pechsträhne schien zu Ende.

Am Campingplatz angekommen wurde der Wohnwagen aufgestellt. Es war bereits 20:00 Uhr, aber aufgrund der modernen Ladenöffnungszeiten war noch Zeit, um das notwendigste einkaufen zu fahren. Es waren rund 30 km Wegstrecke durch schwach besiedeltes Gebiet zu fahren. Frohen Mutes machten sich beide auf den Weg, als beiden plötzlich bewusst wurde, was er vergessen hatte.

Ein kratzendes Geräusch kam da von vorne. Ja genau, die Bremsbeläge hatte er ja noch wechseln wollen. Nun waren sie aber auf halber Strecke zwischen Nichts und Nirgendwo. Keine Werkstatt in Sicht und das Netz seines Telefonanbieters hatte wohl auch noch nichts von diesem Landstrich gehört gehabt.

So blieb den beiden nichts anderes übrig, als vorsichtig weiter zu fahren. Es dauerte keine 5 Minuten, bis mit einem leisen „Ping“ die Tankanzeige zu verstehen gab, dass es nun Zeit wäre eine Tankstelle aufzusuchen. Eine Tankstelle, hier mitten in der Pampa … wo sollten sie die jetzt hernehmen? Den beiden wurde langsam mulmig zu Mute.

So fuhren sie durch die Nacht, mit halblebiger Bremse und leerem Tank. Mit den letzten Tropfen erreichten sie die Tankstelle. Nach dem der Tank gefüllt war, bestand nun wenigsten die Möglichkeit, zurück zum Campingplatz zu kommen und das Auto in die Werkstatt vor Ort zu bringen.

Als sie an diesem Abend in ihrem Wohnwagen zu Bett gegangen waren, meinte er „Gott sei Dank, dass wir uns haben."

„Ja, ...Danke Gott!" sagte sie

und er sah dass sie ihre Hände gefaltet hatte ...

Erfrischender Wind …

Ein Sonntagmorgen. Es wirkt schon ein wenig chaotisch, so eine Menschenmenge eingezwängt zwischen der Friedhofmauer und massiven Außenwand der Kirche zu sehen.

Die Konfirmation ist gerade vorüber. Man sieht fröhliche Gesichter. Andere blicken nachdenklich oder erwartungsvoll. Wieder anderen (vor allem den

Konfirmandinnen und Konfirmanden) sieht man an, dass ihnen eine Last von den Schultern genommen ist.

Mit dem „Ja“ zu Jesus haben sich die Konfirmandinnen, Konfirmanden und die gesamte Kirchengemeinde entschlossen ihr Leben an Christus auszurichten, sich von ihm durch ihr Leben geleiten zu lassen. Sie haben sich dem Heiligen Geist geöffnet und sind nun alle zusammen Teil seiner Kirche.

Es war nicht die erste Konfirmation und wird auch nicht die letzte sein. Doch worin liegt der Ursprung? Womit hat es angefangen, dass Gruppen von Menschen sich zusammentaten und sich „Kirchengemeinde“ nannten?

Fast zweitausend Jahre müssen wir zurückgehen. In Israel ist ein Name in aller Munde: Jesus von Nazareth. Der Rabbi (Glaubenslehrer), der als Wohltäter und Heiler gleicher Maßen in Erscheinung getreten war, wie als Kritiker der damals vorherrschenden und oft selbstgefälligen Priester- und Schriftgelehrtenschaft.
Jesus, der zuvor den Tod am Kreuz gestorben und auferstanden war, hatte sich nochmals seinen Jüngerinnen und Jüngern gewidmet und war letztlich aufgefahren zu unserem himmlischen Vater.

Nun waren die Jünger alleine. Jesus hatte zwar versprochen wieder zu kommen – doch wann, wusste er nicht zu sagen. Ich stelle mir die Jüngerinnen und Jünger ein wenig so vor, wie die Menschenmenge im Kirchhof. Einige nachdenklich, einige hoffnungsvoll, einige unsicher und einige vielleicht auch ängstlich. Seit der Auferstehung Jesu waren bereits 50 Tage vergangen und nun standen sie da. Ohne ihren Meister, ohne Orientierung.
Doch dann geschah Großes: Wind kommt auf und bringt Leben in die Versammlung. Die Bibel beschreibt ein Rauschen, das die Luft erfüllte.

Gottes Heiliger Geist senkte sich auf die Apostel und sie waren „Feuer und Flamme“ für die „Gute Nachricht“, für das Evangelium des Jesus Christus. Nun waren sie bereit ihren Glauben in die Welt zu tragen. Sie waren überwältigt und sprachen in vielen Sprachen durcheinander, so dass Außenstehende meinten sie wären betrunken. Petrus verneinte dies, doch ich kann mir nicht vorstellen, dass sie nicht doch ein wenig „high“ waren. Denn ein Hochgefühl durchströmt jede und jeden, wenn der Heilige Geist seine Wirkung im Menschen entfaltet. Umso mehr bei einem solchen Anlass.

Es war die Geburtsstunde unserer Kirche. Seit dieser Zeit haben sich immer wieder Menschen auf Jesus eingelassen, sich zu ihm bekannt, seinen Gute Nachricht gelebt und verbreitet. Bis heute ist dies die Aufgabe der Mitglieder seiner Kirche. Neben den hauptamtlichen Mitarbeitern, sind es auch die vielen Ehrenamtlichen, die der Kirche „Leben“ einhauchen. Jede Frau, jeder Mann und jedes Kind findet eine Aufgabe, die sie, er oder es ausfüllen und mit Leben füllen kann. Damit das Gemeindeleben harmonisch abläuft, ist es wichtig das richtige Maß, für den eigenen Einsatz zu finden. Verteilt auf viele Schultern wird aus einer beschwerlichen Aufgabe ein erfüllendes Erlebnis. Lassen Sie sich also anstecken vom „Pfingstfeuer“ und geben Sie Gottes heiligem Geist Platz in Ihrem Leben. Freuen Sie sich auf Ihre Beteiligung an einer oder mehreren Aktionen in diesem Kirchenjahr. Lassen Sie sich mit anderen gemeinsam ein auf das Pfingstwunder, damit immer wieder neu ein frischer Wind weht, auch in Ihrer Gemeinde - Das ganze Jahr hindurch …

Novembernebel

Ich sitze auf dem Balkon und genieße diesen herrlichen Sonntag – ein Sonntag der diesen Namen wirklich verdient hat. Es ist Herbstanfang; So werden diese sonnigen Tage wohl gezählt sein. – Ein „goldener Oktober“, ist uns ja leider auch nicht garantiert. Schon bald wird der November sein trübes Kleid über das Land legen. Diese nebeligen Tage, die mich so sehr an die Ewigkeit erinnern. Die Ewigkeit, die so undurchsichtig ist wie der dichte Novembernebel. Die Sonne ist oft nur zu erahnen, schwach leuchtet sie hindurch durch die feuchtkalten Nebelschwaden. Feucht und kalt – wie ein Grab.

Wie beängstigend der Nebel oft auf uns Menschen wirken kann. Man sieht nicht die Hand vor Augen, so mancher hat sich schon im dichten Nebel verlaufen. Wenn fast nichts zu sehen ist, versucht man sich seiner anderen Sinne zu bedienen. Doch das verunsichert noch mehr. Die Geräusche klingen laut und gespenstisch – Die Phantasie bekommt Flügel, die Angst wird schlimmer, bis plötzlich im dichten Nebel ein Licht auftaucht. Wir gehen darauf zu und finden so den Weg, heraus aus dem Nebel. Besiegen die Angst. Der Tod, stetiger Begleiter unseres Lebens.

Wie wird es sein, wenn er einst zu mir kommt? Wenn ich ihn vor Augen sehe, ist es dann wie im dichten Novembernebel? Ich weiß nicht wohin, weiß nicht was kommt? Wie gut ist es, dass ich in Jesus Christus ein Licht haben werde, auf das ich zugehen kann.

Ende oder Anfang?

Am Ewigkeitssonntag, gedenken wir der Verstorbenen, gedenken wir der Ewigkeit.

Nicht der Ewigkeit des Todes, sondern der Ewigkeit des Lebens. Des Lebens mit der Liebe unseres Heilands. Seine Liebe, stärker als der Tod, ist das Signallicht im Nebel unseres Lebens. Unser Heiland Jesus Christus der von sich sagt: „Ich bin das Licht der Welt".

„Feuer und Flamme“

Die Begeisterung war ihnen ins Gesicht geschrieben

Wieso „Feuer und Flamme“? Immer wieder lesen wir in der Bibel davon: Wenn Gott uns Menschen erscheint, um uns seinen Willen kundzutun, dann tut er dies als „Feuer und Flamme“. Ob bei Moses im brennenden Dornbusch oder auf dem Berg Sinai, als er seinem Volk die Zehn Gebote überbrachte: Gott erscheint den Menschen als herrlich schöne und doch unberührbare Flamme. Auch als er sein Volk aus Ägypten führte, ging er in Form einer Feuersäule voraus und zeigte den Israeliten den Weg - seinen Weg! Viel später, zu der Zeit, als Jesus bereits in den Himmel aufgefahren war, brachte Gott wieder seinen Willen, seinen Geist, zu den Menschen. Jesus hatte seinen Aposteln versprochen, dass sie mit ihrem Auftrag nicht allein gelassen werden würden. So wurden sie an Pfingsten von Gott „be-Geist-ert“. Sie wurden „Feuer und Flamme“ für die „Gute Nachricht“. Ausgestattet mit dem Heiligen Geist Gottes wurden sie dazu befähigt, seinen Willen in die Welt hinaus zu tragen, damit sich die Prophezeiung vom ewigen Leben in Gottes Reich auf Erden für möglichst viele Menschen erfüllen kann. Die Apostel von damals sind alle längst gestorben, doch ihre Aufgabe lebt weiter. Sie haben andere mit dem heiligen Geist angesteckt. Bis zum Heutigen Tag lassen sich Menschen begeistern.

Sie gehen „entflammt“ durch den Geist Gottes, auf das „neue Jerusalem“ zu. Sie springen und tanzen, sind voller Freude. An Pfingsten feiern wir diese „Be-Geist-erung“ - lassen auch Sie sich von diesem Pfingstfeuer anstecken! Und es soll geschehen: „Wer den Namen des Herrn anrufen wird, der soll gerettet werden.“

(Apostelgeschichte 2, 21)

Ein Ding der Unmöglichkeit?

Das werde ich dir nie verzeihen! – Voller Wut dreht sie sich um und lässt ihn stehen. Da steht er nun und weiß nicht mehr, was er tun soll. Im Streit sind Worte gefallen, die seine Freundin tief getroffen haben. Jetzt, da sich sein Herzschlag wieder normalisiert und sein Blutdruck gesenkt hat, jetzt, da alles wieder ruhig geworden ist um ihn, jetzt spürt er die Leere. Warum war der Streit so eskaliert, warum hat er der Frau, die er doch über alle Maßen liebt, solch schlimme Worte an den Kopf geworfen? Er möchte zu ihr gehen, sie um Verzeihung bitten, doch hat er noch ihren letzten Satz im Ohr: **„Das werde´ ich dir nie verzeihen!"**

Da ist es leichter, dass ein Kamel durch ein Nadelöhr gehe, als dass sie ihm verzeiht.

Schwierig, manchmal auch unmöglich stellt sich uns oft das Leben dar.

Das Gleichnis mit dem Kamel, das einfach nicht durch ein Nadelöhr passen will, wird gerne herangezogen, wenn die Lage aussichtslos oder zumindest sehr schwierig erscheint. Jesus hat dieses Gleichnis benutzt, um uns zu zeigen, dass wir uns entscheiden müssen, woran wir unser Herz hängen. Der gottesfürchtige, reiche Jüngling, von dem wir in Lukas 18 lesen können, konnte sein Vermögen nicht hergeben und den Armen schenken – zu sehr hing sein Herz an der Sicherheit und dem Luxus, die ihm sein Vermögen zu geben schienen. Jesus kennt unsere kurzsichtige, auf das irdische Dasein ausgerichtete Denkweise – damals wie heute.

Die Rettung kommt von Gott!

Er schafft es, dass auch die ins Reich Gottes kommen, die so sehr ihrem irdischen Dasein verhaftet sind.

Er verzeiht uns alle unsere Fehler.

Bei Brot und Wein nehmen wir die Einladung Gottes an.
Wir sitzen mit Ihm an einem Tisch, und Gott nimmt uns bei sich auf. Gott schafft es, dass auch die schwierigsten Kandidaten eine Chance bekommen, er schafft es, dass das Kamel durch das Nadelöhr passt:

„Er aber sprach: Was bei den Menschen unmöglich ist, das ist bei Gott möglich.“

Verraten und verkauft …

Johannes erzählt im 14. Kapitel seines Evangeliums, wie sie wieder einmal zusammensitzen, Jesus und seine Jünger. Doch dieses Mal ist alles anders… „Gütiger Gott, das kann doch nicht wahr sein!“ „Er ist doch unser Meister, unser Rabbi und Gottes Sohn.“ „Wenn Gott seinen eigenen Sohn nicht schützt, was wird dann aus uns?“ „Wo sollen wir nun hin?“ „Was sollen wir nun tun?“ „Müssen jetzt auch wir sterben?“ „Ist jetzt alles vorbei?“ Solche oder ähnliche Gedanken schossen den Jüngern wohl durch den Kopf, als Jesus Ihnen eröffnet hatte, dass er nun bald verraten werden würde und sterben müsse.

Mitten hinein in diese Angst spricht Jesus ein Wort: „Euer Herz erschrecke nicht! Glaubt an Gott und glaubt an mich!“ Er verspricht seinen Jüngern eine „Wohnung im Haus Gottes“ und dazu noch den Segen des Heiligen Geistes. Er zeigt ihnen, wie sie durch ihn zu Gott finden. Den Jüngern wird langsam klar: Jesu Tod ist nicht das Ende, sondern ein Neubeginn.

Wie den Jüngern damals, ruft er auch uns heute zu: „Euer Herz erschrecke nicht…“ vor Krankheit, vor Arbeitslosigkeit, vor der Wirtschaftskrise, vor dem Verlust eines lieben Menschen. „Glaubt an Gott und glaubt an mich!“ Jesus hat uns bewiesen, dass uns nichts von der Liebe Gottes trennen kann. Er ist für uns gestorben und wieder auferstanden.

Er zeigt uns, dass es bei ihm keine Ausweglosigkeit gibt. Jesus findet immer einen Weg, auch wenn wir uns oft eine andere Lösung wünschen würden.

„Kein Durchgang“

Der Tod ist allgegenwärtig. Er zeigt sich mit vielen verschiedenen Gesichtern.

Einmal kommt er sanft, nach einem erfüllten Leben, manchmal plötzlich, überraschend und viel zu früh.

Niemand weiß, wann der Tod zu einem selbst kommt. Heute, morgen oder erst in vielen Jahren? Nur eins ist sicher: Irgendwann wird es auch auf unserem Lebensweg heißen: „Kein Durchgang“. Hier gibt es dann kein „Weiterkommen“ und kein „Zurück“.

Das Leben, wie wir es kennen, wird an diesem Tage beendet sein.

Alle Freude und Lebenslust werden ebenso vergehen wie Krankheit und Lebenslast.

Vergehen, auf ewig? Wir gedenken am Totensonntag unserer Lieben, die uns vorausgegangen sind. Erinnerungen werden wach, frohe und bedrückende, ganz so, wie das Leben unserer verstorbenen Verwandten und Freunde war.

Unser eigenes Leben wird enden, wie auch das unserer Verstorbenen endete.

Dies wird uns besonders am Totensonntag bewusst. Doch eine weitere Gewissheit erfüllt uns an diesem Tag.

Die Gewissheit, dass unser Leben keine Sackgasse ist, die an einem dunklen, unbekannten Ort endet, sondern dass wir durch Jesus Christus zum ewigen Leben gerettet werden.

Niemand weiß, wie das „ewige Leben“ genau aussehen wird, doch Christus hat uns versprochen, uns nicht alleine zu lassen.

Bei ihm wird der Totensonntag zum Ewigkeitssonntag.

Auf Jesus können wir vertrauen, in Ewigkeit vertrauen.

Auge um Auge .. ?

Jesus fordert von uns Böses mit Gutem zu überwinden. Die andere Wange hinhalten, wenn man sich eine Ohrfeige eingefangen hat?

Darf ich mich wirklich nicht wehren?

Sie muss ja nicht unbedingt handgreiflich sein, so eine Ohrfeige. Ein böses Wort auf dem Schulhof oder das Anschwärzen beim Chef im Betrieb können genauso ein Schlag ins Gesicht sein.

Muss ich das alles still ertragen, wenn ich ein gottgefälliges Leben führen möchte? „Lass dich nicht vom Bösen überwinden, sondern überwinde das Böse mit Gutem."

Dem Bösen soll also nicht freie Hand gegeben werden. Es soll gestoppt und überwunden werden. Das heißt aber nicht, dass wir es mit gleicher Münze, also Auge um Auge, heimzahlen. Damit stellen wir uns auf die gleiche Stufe, und die Eskalation ist vorprogrammiert.

Häufig ist es unserem Gegenüber gar nicht bewusst, wie das, was er oder sie sagt oder tut, auf uns wirkt. Oft will er oder sie nur „größer" wirken, indem man andere „runtermacht".

Fragen Sie doch einfach mal nach, wenn Ihnen so etwas passiert ist: „Ist es wirklich deine Absicht, mir so wehzutun?" Ich habe es selbst schon oft erlebt, dass sich mein Gegenüber erst dann über seine Äußerungen Gedanken macht, wenn er auf die Auswirkungen angesprochen wird.

Dies ist nur eine kleine Möglichkeit, das Böse mit Gutem zu überwinden.

Ich frage mich in solchen Situationen oft: „Was würde Jesus tun, in einer solchen Situation?" Mit Jesu Hilfe können wir den Kreis der Gewalt durchbrechen. „Lass dich nicht vom Bösen überwinden, sondern überwinde das Böse ... mit Gutem."

... gehen ins Osterlicht

Karfreitag – An keinem anderen Tag prallen „tiefe Trauer“ und „überschwängliche Freude“ so hart aufeinander

Die sieben Wochen der Enthaltsamkeit sind fast vorbei. Meist kann ich mir dann, mit ein klein wenig Stolz, wieder zusprechen: „Ich habe es geschafft, zu mir selbst sieben Wochen lang, nein zu sagen“. Keine Süßigkeiten, kein Fleisch und kein Alkohol, das sind die Ziele, die ich mir selbst Jahr für Jahr setze. Natürlich sind die Beschränkungen bei jedem und jeder, die sich an „7 Wochen ohne“ beteiligen, anders geartet.

Einige entsagen dem Rauchen oder lassen für diese Zeit ihr Auto stehen. Auch die Art und Weise, wie das Ganze abläuft, unterscheidet sich. Die einen fasten nur sonntags oder nur am Wochenende,

andere ausschließlich von Montag bis Freitag. Es gibt unendlich viele Möglichkeiten, sieben Wochen lang enthaltsam zu leben.

Alle Fastenden haben eines gemein:

Es ist das Gefühl zu verzichten, obwohl sie es nicht müssten.

Man lernt, die verbleibenden „Genüsse“ besser zu schätzen. Der Geschmackssinn wird feiner, wenn er nicht von Eindrücken überschwemmt wird.

Trotz oder vielleicht genau wegen der Enthaltsamkeit lebt man intensiver, wenn man auf Herkömmliches verzichtet.

Durchs Kreuz zum Licht

Worauf es wirklich ankommt, lernt man in dieser Zeit kennen. Es ist das Glas Wasser, das wir wirklich brauchen; nicht die Flasche Bier.

Es geht auch ganz ohne Fleisch und Süßigkeiten.

Das Fasten führt uns zu den Ursprüngen zurück. Wir finden in dieser Zeit wieder ein wenig zu uns selbst, weil wir uns besser zuhören. Durch die Signale, die unser Körper nach einiger Zeit aussendet, erfahren wir, was wir selbst nötig haben.

Dabei spreche ich hier nicht nur von Essen und Trinken. Durch das Fehlen der Genüsse gibt es wieder Raum in uns; Raum für Gedanken und Gefühle.

Nachdenken über Sinn und Sein, unser Leben mit unseren Mitmenschen – unser Leben mit Gott.

Am Karfreitag gedenken wir der Kreuzigung und Grablegung Jesu. Die Aussicht auf die Auferstehung macht das Leiden Christi nicht minder schrecklich.

Vor dem Tod am Kreuz wird Jesus geschlagen, gefoltert, bespuckt und auf alle erdenkliche Art erniedrigt und gequält.

Jesus lebt den Menschen seiner Zeit vor, wie ein gottgefälliges Leben aussehen soll. Er zeigt den Menschen Wege auf, die zu Gott führen, auch ohne dass man zum auserwählten Volk gehört.

Es ist allein die Liebe, die zu Gott führt.

Kein Ritual und keine klugen Reden, kein Opfer und kein Gottesdienst sind etwas wert ohne die Liebe, die uns von Gott ins Herz gelegt wurde.

Die geistlichen Führer seines Volkes sahen wohl „ihre Felle davonschwimmen", als sie Jesus der römischen Staatsmacht übergaben. Wie vor ihm der Bußprediger Johannes der Täufer soll nun auch Jesus dafür sterben, dass er alle seine Mitmenschen und damit auch die Obrigkeit zur Umkehr und Buße aufgerufen hat.

Doch die Wahrheit und Liebe Gottes lässt sich nicht aus der Welt schaffen,

indem man seine Boten umbringt.

Das hat schon bei Johannes nicht funktioniert und noch viel weniger bei Jesus.

„Dies ist mein lieber Sohn, den der Tod nicht behalten kann! Wenn schon euer Herz dies nicht erkannt hat, so vielleicht eure Augen und euer Verstand",

ist die klare Botschaft Gottes an sein Volk und auch an uns.

Durch die Auferstehung wird es zur unumstößlichen Wahrheit, wenn Jesus sagt:

„Ich bin der Weg und die Wahrheit und das Leben, niemand kommt zum Vater denn durch mich."

Jesus ging für uns durch die Finsternis des Karfreitags ins Osterlicht der Auferstehung.

Ich möchte ihm auch dieses Jahr folgen auf diesem Weg. Durch die Fastenzeit über Karfreitag bis zum Osterfest.

Und Sie...?

Lebendiges Wasser / Der Brunnen – ein Quell des Lebens
Schon immer waren die Brunnen für dörfliche und städtische Gemeinschaften überlebenswichtig.

In früheren Zeiten gehörte der Gang zum Brunnen zum alltäglichen Leben. Dort traf man sich in der Sommerhitze, um Neuigkeiten auszutauschen oder auch das eine oder andere Geschäft zu besprechen. Die Brunnen waren ein Zentrum des Zusammenlebens.

Ich selbst kenne es nicht anders: Wie in anderen Haushalten auch, kommt bei uns das Wasser aus dem Wasserhahn. Daher erübrigt sich der Gang zum Brunnen, um Wasser zu holen. Und dennoch war der Brunnen, der mitten im alten Ortskern Hohenecks steht, Mittelpunkt meines Lebens. Als Kind spielte ich am Brunnen (und häufig auch darin) oder saß dort mit meiner Großmutter, die aus ihrem Leben immer etwas Spannendes zu erzählen wusste.

Nun bin ich erwachsen, sitze immer noch gerne am Brunnen – manchmal alleine, häufig mit meiner Frau. Mit dem Plätschern des Brunnens im Rücken genießen wir dann die Ruhe oder reden über Gott und die Welt. So wie ein Brunnen mehr ist als nur eine Wasserquelle, ist auch das Wasser selbst mehr als nur ein Durstlöscher. Das hatte auch Jesus erkannt. Im Johannesevangelium (4, 7-14) lesen wir von seinem Zusammentreffen mit einer samaritischen Frau. Am Brunnen kommt er ins Gespräch mit einer Frau, die außerhalb der jüdischen Gemeinschaft, eben in Samaria, der Hauptstadt des abgespaltenen Nordreichs, lebt. Ihr bietet er sein „lebendiges Wasser“ an. Sein Evangelium, seine gute Nachricht, soll auch der Frau aus Samaria ein Quell des Lebens werden. Jesus möchte, dass sein „lebendiges Wasser“ zu allen Menschen gebracht wird. Ganz egal, ob schwarz oder weiß, ob gläubiger Mensch oder Atheist. Unsere christliche Missionsaufgabe ist die eines

Wasserträgers oder einer Wasserträgerin des „lebendigen Wassers Jesu“. Wenn wir anderen von unserem Glauben erzählen, geben wir dieses kostbare Gut weiter, und dies trägt zuweilen Frucht. Leider gleicht unser Hohenecker Brunnen mittlerweile mehr einem Rinnsal als einem sprudelnden Bach und das Wasser im Brunnen mehr einer Algenzucht als einer frischen Quelle.

Dennoch: Menschen begegnen sich dort, und vielleicht ergibt es sich ja, dass wenigstens das „lebendige Wasser“ am Alt-Hohenecker Brunnen weiterhin munter und frisch fließen wird.

Weihnachtssinn

Unsre Kirch ist immer vorne dran
Das neue Jahr im November
schon begann

Kaum der Ewigkeit gedacht
Das Weihnachtssehnen schon
erwacht

Besinnlichkeit in aller Sinn,
vorbei die Hetze und ich bin

befreit von Müh und auch von
Plag.
Doch hält dies nicht mal einen
Tag

und schon, ihr werdet es wohl
ahnen,
geht´s nun ans
Weihnachtsfesteplanen.

Advent, Advent ein Lichtlein
brennt,
von G´schäft zu G´schäft durchs
Städtchen rennt

so manche in der friedvoll Zeit
damit fürs Fest man ist bereit.

Der Heilig Abend rückt heran
die Ruh kehrt ein bei Frau und
Mann.

Versammelt in der Stube drinnen,
beim weihnachtlichen
Liedersingen.

Doch kaum entsprungen ist das
Ros
ist Frau schon fast
besinnungslos.

Der Schock sitzt tief, sie sucht
nach Halt,
im Kopf ein Schreckensbildnis
malt,

sich Mutter aus, kann´s kaum
ermessen,
wie konnt sie dieses nur
vergessen.

Der Braten wird so herrlich sein,
was sie vergaß, dass ist der
Wein.

So wird das Fest ja nicht perfekt
Die Kraft die sie hinein gesteckt

um Weihnachten grandios zu
machen
steckt in so vielen wicht´gen
Sachen,

Das Weihnachtsessen ohne
Wein,
macht alle Weihnachtsfreuden
klein.

Die Mutter wollt verzweifeln grad
ihr Mann das einzig richt´ge tat.

Der Vater nimmt schnell ihre
Hände
und bringt die ach so nöt´ge
Wende.

Es wird auch ohne roten Wein
ein schönes Weihnachtsfeste
sein

In aller Ruh er zu ihr spricht,
aus seinem Blick, er lässt sie
nicht.

Es ist die Liebe, nicht der Wein,
die Weihnachten lässt wichtig
sein.

Der Heiland ist uns heut geboren,
und wir sind beide auserkoren,

sein Friedensbotschaft zu entdecken
und seine Lieb´ in uns wecken

Des Festes wahrer Sinn und Wert
sich nicht um Wein und Essen schert

Viel wicht´ger als ein voller Magen
ist´s sich an seinem Wort zu laben.

Der Weihnachtsfriede senkt sich leise
auf der beiden, trauten Kreise.

So schmeckt der Weihnachtsbraten fein,
ganz ohne roten, edlen Wein.

Keine Weihnachtsgeschichte?

Ich stehe am Ufer des Ozeans und schaue den Schiffen nach.

Kleine Boote mit weißen Segeln fliegen über das Wasser.

Man fürchtet sie könnten kentern, so nahe ist die Wasseroberfläche an der Reling des Bootes, wenn der Wind die Segel aufbläst und das Boot nach vorne treibt.

Immer wieder denke ich: „Jetzt passiert es!“ Doch der erfahrene Skipper hält das Boot zwar knapp, doch sicher auf dem Wasser.

Ich wünschte mir ich wäre auch so. So sicher möchte ich mein Boot des Lebens durch die Stürme dieser Welt segeln.

Doch bin ich nicht so geschickt. Mein Boot ist schon oft gekentert. Nur mit viel Kraft und Hilfe konnte ich es wieder seeklar machen.

Die Fahrt im Boot des Lebens geht weiter. Mal schnell, dann wieder langsam. Mal auf ruhiger See dann wieder im heftigsten Sturm.

Unterwegs begegnen mir andere Menschen in ihren Booten des Lebens.

Die einen sind wie große herrschaftliche Jachten, die nichts so leicht zum kentern bringt, andere sind wie Nussschalen, die eine leichte Brise schon aus dem Gleichgewicht bringen kann.

Viele sind jedoch wie mein eigenes Boot. Zwar mehr oder weniger ramponiert, doch allemal noch seetüchtig.

Plötzlich taucht ein Ozeanriese auf. Das Containerschiff hat eben den Hafen verlassen und nimmt nun Kurs auf die offene See.

Alle anderen weichen dem Riesen aus und passen sich seinem Kurs an. Einige der Segelboote begleiten das riesige Schiff eine Weile, bis die Entfernung zur sicheren Küste zu groß wird.

Dann drehen Sie bei und kehren zurück.

Das erinnert mich an den Glauben der Menschen.

Erst sind sie von der Macht und Größe Gottes fasziniert und beeindruckt. Sie möchten teilhaben an seiner Größe.

Doch wenn wir die Sicherheit unseres jetzigen Daseins aufgeben sollen, dann drehen wir bei und kehren um

– wie die Segler auf dem Meer.

Vor über 2000 Jahren hat Gott uns einen „Ozeanriesen des Lebens“ geschenkt.

Mit Jesus Christus können wir sicher, wie auf einem Containerschiff, das Meer des Lebens bereisen.

Wir können die Sicherheit des Hafens aufgeben und Gott zu spüren bekommen.

Leider fahren viel zu wenige mit auf diesem Schiff.

Einigen ist die Arbeit an Bord zu hart, andere glauben nicht dass sie am Ziel ankommen werden.

Vielleicht ist die Erde ja doch eine Scheibe und wir fallen alle am Rand hinunter in das Nichts?

Wir steigen lieber wieder in unser eigenes Boot des Lebens, das am großen Schiff festgemacht ist und kehren um – Zurück in den Hafen der scheinbaren Sicherheit.

Ich stehe am Ufer des Ozeans und schaue den Schiffen nach. Der Ozeanriese ist nur noch ein kleiner Punkt am Horizont. Gleich wird er verschwunden sein.

Einen Augenblick später ist nichts mehr zu sehen von dem mächtigen Schiff, als hätte das Meer es verschluckt.

Kommt es jemals wieder oder ist es vom Rand der Erde gestürzt?

Wie bei Jesus, denke ich bei mir. Auch von seiner Person ist nichts mehr zu sehen.

Doch das will ja nicht viel heißen. Vom Containerschiff, das eben noch an mir vorüber fuhr, sehe ich ebenfalls nichts, und doch weiß ich dass es da ist – irgendwo da draußen.

Auch bei Jesus weiß ich dass er da ist – irgendwo da drinnen!

Die segnend Weihnachtszeit; kann man sich schenken?

Sternenglanz und Lichterschein
dringen in die Welt hinein

Betriebsamkeit all überall
Der Weihnachtsmann kommt fast
zu Fall.

Alles hetzt und flitzt und springt,
damit am Fest dann alles stimmt

Mutter eilt zum Metzgersladen
ein Stück Fleisch zum
Magenlaben.

Dem Vater, dem wird brennend
klar,
hat kein Geschenk für Frau
Mama.

Die Tochter, schon wieder auf
der Such´,
die schöne Vase ging zu Bruch.

Der Sohn bestellt per „klick“;
nicht mündlich
Und hofft des Vaters Buch
kommt pünktlich.

An Heilig Abend, kurz vor Zwei,
ist die Hetze fast vorbei.

Einen Knochen für den Waldi
kauft das Frauchen noch bei Aldi.

Alle sind erfreut daheim
und dann kehrt die Ruhe ein.

nur die Mutter ist am Kochen,
denkt an Waldi´s schönen
Knochen.

Nach dem Essen an dem Tisch
sind alle müd´ und wenig frisch.

Um die Geister zu beleben
wird es nun Geschenke geben.

Alle sind fast wie im Traum
Was legt das Christkind untern
Baum?

Begeisterung hält sich im Zaume,
was man find´, am
Weihnachtsbaume

macht nicht glücklich und nicht
froh
wie den Mops im Paletot.

Der Vater tut nicht sehr
frohlocken,
als er sieht, die Baumwollsocken.

Mutters Freude wird nicht lauter,
packt sie aus, den
Handstaubsauger.

Die Tochter voll Erwartung
schaut
auf das Geschenk dort
aufgebaut.

Doch ausgepackt, das Lächeln
schwindet
Enttäuschungstränen überwindet

blickt aufs Geschenk auf ihrem
Schoß
„Dafür bin ich schon zu groß!“

„Bin jetzt 12, erwachsen schon,
diese Puppe ist der Hohn!“

Und der Sohn, jetzt vorgewarnt
seine Angst sehr gut getarnt.

Senkt den Blick, schaut aufs
Geschenk,
ein still´s Gebet zum Himmel
send´t.

Seinem Traumschuh schon so
nah
Nicht vom Aldi - von Puma.

Im Packet „right in the middle“
liegt ein Schuh der Firma Lidl.

Enttäuschung steht in dem
Gesicht
Aller – nur bei einem nicht.

Unterm Baum da liegt der Waldi
nagt am Knochen von dem Aldi.

Ist zufrieden und bereit,
für die schöne Weihnachtszeit.

Wenn´s Geschenk enttäuscht die
Sinne,
auf´s Weihnachtsfest dich recht
entsinne.

Es geht um mehr als Waren
schenken,
unseren Sinn auf Gott hinlenken

Sollen schlafen Hektik, Eile -
Ruhe geben – eine Weile.

Soll der Weihnachtsglanz der
Kerzen
legen Frieden in die Herzen.

Zum Empfang macht euch bereit,
lasst ein, die segnend
Weihnachtszeit.

30 Jahre nach Weihnachten

Unsere Geschichte beginnt um das Jahr 30 nach Christi Geburt:

„Er ist auferstanden!"

„Wer?"

„Na Jesus! Jesus von Nazareth!"

Amos erhob sich und schaute seinem Sohn genau in die Augen: „Abihu, du meinst wirklich den Rabbi, der damals in unserem Stall geboren worden war?"

„Natürlich, wen sonst?"

Amos ließ sich zurückfallen auf seinen Stuhl. Schon die Geburt des kleinen Jesus, war von allerlei Wunderlichem begleitet…

Wir verlassen nun den alten Vater Amos und seinen 38-jährigen Sohn Abihu und gehen rund 30 Jahre zurück, zurück nach Bethlehem in ein Gasthaus mit einem Stall, der weltberühmt werden sollte ….

In der hinteren rechten Ecke des kleinen Gasthauses konnte man im Halbdunkel eine Gestalt, über den Tisch gebeugt erkennen.

Es war der kleine 8-jährige Abihu, der am Tisch eingeschlafen war. Er hatte auch an diesem Tag hart arbeiten müssen.

Nachdem er das Nachtmahl eingenommen hatte, übermannte Ihn der Schlaf.

Er erwachte, als sein Vater an ihm vorüberging.

"Schon wieder keine zahlenden Kunden.." *brummelte sein Vater vor sich hin* " - wie soll das bloß weiter gehen? Den Kaiser interessiert es nicht, wo ich das Geld für die Steuern hernehmen soll".

"Hast du die Leute etwa weggeschickt?" *meldete sich plötzlich Abihus Mutter Binah, die gerade mit dem Bedienen eines der wenigen Gäste beschäftigt war.*

"Natürlich nicht, die Frau ist schließlich schwanger! Aber ich muss das Haus für unsere zahlenden Kunden frei halten, deshalb habe ich sie in den Stall geschickt, da ist es ja auch warm in der Nacht".

Abihu war wieder am Tisch eingenickt. Diese Geschichte war Ihm wohl bekannt. Täglich kamen Menschen vorbei, die nicht genug zahlen konnten, um in der Herberge seines Vaters wohnen zu können. Aber gleich neben der Herberge stand ja der große Schuppen, in dem, neben allerlei Werkzeug und den Tieren seiner Eltern, auch die ärmeren Wanderer Unterschlupf fanden.

Seit der römische Kaiser die Volkszählung angeordnet hatte, waren jede Menge Leute unterwegs, die in ihre Heimatorte zogen, um (wie es offiziell hieß) „sich schätzen zu lassen".

Mitten in der Nacht fuhr Abihu hoch. Es war plötzlich laut geworden vor der Herberge. Etwas verwundert schaute er sich um, er lag in seinem Bett. Sein Vater hatte ihn wohl ins Bett getragen; wie so oft in letzter Zeit. Im gleichen Raum schliefen auch seine Eltern und seine zwei Brüder. Sie hatten jedoch nichts bemerkt von dem Aufruhr vor dem Haus. Abihu schlich sich aus dem Raum hinaus in den Hof und versteckte sich hinter einem Stapel leerer Kisten.

Im Hof standen Hirten aus dem westlichen Tal.

Die kamen sonst nur selten in die Stadt.

Sie wurden von den Bürgern der kleinen Stadt eher herablassend angesehen, weil sie kein "anständiges " Handwerk ausübten.

Die Hirten hingegen zogen von Weidegrund zu Weidegrund und liebten die Freiheit unter dem Sternenhimmel.

Doch wieso kamen Sie heute in die Stadt - mitten in der Nacht?

Plötzlich fiel ihm auf: Es war ungewöhnlich hell in dieser Nacht.

Selbst in Vollmondnächten, war es nicht so hell.

Der Schuppen schien zu leuchten. Abihu blickte nach oben, um zu sehen wo das Leuchten herkam.

Die Nacht war sternenklar, keine Wolke am Himmel. Da sah er einen Stern, der leuchtet fast so hell wie die Sonne. Abihu war beeindruckt und auch ein wenig ängstlich.

„Bestimmt hat das Leuchten die Hirten hergelockt." *flüsterte er vor sich hin.*

Er hatte schon davon gehört, dass Gott Zeichen an den Himmel setzt - Zeichen wie diesen Stern. „Aber warum steht dieser Stern über dem unscheinbaren Schuppen seines Vaters und nicht über der Synagoge? Oder wenigstens über dem Haus eines Rabbis oder eines vermögenden und einflussreichen Kaufmanns?"

Abihu spürte, diese Nacht war eine ganz besondere Nacht!

„Ob es etwas mit den Wanderern zu tun hat, die sein Vater hier untergebracht hatte?"

„Doch was war das?" *Eine Karawane kam die Straße herauf und steuerte direkt auf die Herberge zu.*

„Was für eine Nacht!“ *dachte Abihu bei sich. Doch zu seiner Verwunderung, zog die Karawane, die von drei herrlich gekleideten Männern angeführt wurde, an der Herberge vorbei, direkt auf den Schuppen zu.*

„Ob das die drei weisen Männer aus dem fernen Persien waren, von denen ganz Jerusalem spricht?“

Abihus Onkel war am Tag zuvor in Jerusalem gewesen und hatte dort erfahren, dass drei Männer, Könige wie ihm erzählt worden war, bei König Herodes waren und ihn nach dem

**neugeborenen König der Juden* gefragt hatten.*

Sie hatten Herodes von einem Stern erzählt, der sie zu diesem König führen würde.

„Der Stern!“ – *plötzlich begriff Abihu:*

„Heute Nacht wird etwas geschehen, das die Welt verändern wird.“

Nichts hielt ihm mehr in seinem Versteck. Er verließ die Deckung und schon stand er im Hof vor dem Stall, wo sich die Hirten versammelt hatten.

„Warum seid ihr hier?“ *fragte er einen Hirtenjungen, der wohl nur wenig älter war als er selbst.*

„Du wirst nicht für möglich halten, was wir heute Nacht erlebt haben. Plötzlich wurde es taghell. Ich bin davon aufgewacht. Auch meine Eltern und Geschwister waren hellwach. Und dann, kaum zu glauben, trat ein Engel zu uns und sprach:

Fürchtet euch nicht! Siehe, ich verkünde große Freude, die allem Volk widerfahren wird: denn euch ist heute der Heiland geboren, welcher ist Christus, der Herr, in der Stadt Davids.

Er sagte uns, dass wir das Kind in einer Krippe liegend finden werden. Die himmlischen Heerscharen, die den Engel begleitet hatten lobten Gott und sprachen: Ehre sei Gott in der Höhe und Friede auf Erden bei den Menschen seines Wohlgefallens.

Jetzt sind wir hier, um den Heiland zu sehen.

Und sieh dort: Die drei Könige aus dem Morgenland bringen dem Kind in der Krippe Geschenke. Mein Vater sagt, sie kommen von sehr weit her und sind dem Stern bis hier her gefolgt."

Abihu traute sich kaum zu atmen; zu sehr war er von alledem beeindruckt.

Engel, himmlische Heerscharen und Könige aus einem fernen Land waren gekommen und nur wegen des Kindes zweier verarmter Wanderer, die sich kein Zimmer in der Herberge leisten konnten.

Das sollte nun der Heiland sein? Dieses Kind in der Futterkrippe im Stall seiner Eltern?

Abihu setzte sich neben die Hirten ins Stroh, beobachtete das seltsame Schauspiel…

... und schlief ein.

Abihu blinzelte, in die aufgegangene Sonne, die ihn sanft aus einem traumlosen Schlaf erweckt hatte.

Er stand auf und rannte in den Stall.

Unsicher schaute er sich um, doch der Stall war leer.

Keine Hirten, keine Könige und auch keine Wanderer.

Das Paar mit dem Neugeborenen war ebenso verschwunden, wie all die anderen Leute, die letzte Nacht den Hof und den Stall bevölkert hatten.

Sollte er das Alles nur geträumt haben?

„Hier bist du!“ *Abihus Mutter stand plötzlich in der Türe zum Stall.*

„Ich habe dich schon überall gesucht – Hast du die Kamele noch gesehen? Heute Nacht waren 3 Gelehrte bei uns zu Gast, du weißt schon, die von denen dein Onkel aus Jerusalem erzählt hatte. Sie sind ganz früh aufgebrochen und wollten eigentlich zu König Herodes zurück, um ihm über das Kind zu berichten, das heute Nacht in unserem Stall geboren worden war. Sie sagten das Kind sei unser zukünftiger König! – Seltsam …“

„Und? Sind sie zum König gegangen?“

„Nein! Gott hat Ihnen im Traum befohlen nicht zu Herodes zu gehen. So sind sie auf einem anderen Weg zurück nach Hause gereist.“

„Wo sind die Wanderer, der Mann und die Frau mit dem Kind? Sind Sie in der Herberge? – Lass mich durch ich muss sie sehen!“

„Nein – die drei sind auch schon abgereist. Auch hier hat Gott eine Anweisung im Traum gegeben. Er sagte zu Joseph, so heißt der Vater, er solle seine Frau Maria und das Kind Jesus nehmen und nach Ägypten ziehen, um es vor Herodes zu schützen.“

„Warum will der König dem Kind etwas antun?“

„Er hat wohl Angst, dass Jesus ihm einmal den Thron wegnehmen wird“

„Werden wir die drei jemals wieder sehen?“

„Das weiß nur Gott alleine“ *sagte Binah, nahm ihren Sohn in den Arm und ging mit ihm zurück in die Herberge.*

Dreißig Jahre später, wieder zurück am Anfang unserer Geschichte, war die Meinung in der jüdischen Bevölkerung gespalten.

Für die Einen stand fest: Dieses Kind, geboren im Stall zu Bethlehem ist Gottes Sohn.

Jesus, der Zimmermann aus Nazareth war zu einem bekannten Rabbi geworden. Seine Auslegungen der heiligen Schrift waren übervoll von Menschenliebe und Gottesliebe. Wunderheilungen an Leib und Seele hatten Ihn bekannt gemacht und seinen göttlichen Auftrag bestätigt.

Für die Anderen jedoch war er einfach nur ein Gotteslästerer, der den Tod verdient hatte.

Letztendlich wurde er zum Opfer.

Gefoltert, verprügelt und verhöhnt.

Ans Kreuz geschlagen, wie ein Mörder, starb der Heiland der Menschheit.

Doch die scheinbare Niederlage wandelte sich zum größten Triumph seit Menschengedenken.

Amos saß auf seinem Stuhl und wiederholte die Worte seines Sohnes: „Er ist auferstanden „

„Ja! – und er war bei seinen Jüngern, die es auch kaum glauben konnten“ *erwiderte Abihu* „Dort hatte er Ihnen mitgeteilt, dass er wusste, dass er dieses Schicksal erleiden werden würde. All dies war nur aus einem Grund geschehen … “

„Aus welchem Grund?“ *unterbrach ihn ungeduldig sein Vater.*

„Jesus begründete es wie folgt:

So steht’s geschrieben, dass Christus leiden wird und auferstehen von den Toten am dritten Tage; und dass gepredigt wird in seinem Namen Buße zur Vergebung der Sünden unter allen Völkern“

„Dann hat Gott seinen Sohn für uns geopfert?

Ließ ihn durch die Hölle der Folterqualen und des Kreuzestodes gehen, um unsere Schuld zu tilgen? Um uns so seine grenzenlose Liebe zu beweisen!“ warf Amos ebenso begeistert wie ergriffen ein, „In tausend Jahren werden die Menschen noch Gott dankbar anbeten für das Opfer, das er mit dem Tod seines Sohnes gebracht hatte. Sie werden ihn in Gottesdiensten feiern und ehren!“

„Doch was, lieber Vater“ gab Abihu zu bedenken, „ wird später, in zwei- oder dreitausend Jahren sein?

Werden die Menschen dann immer noch Jesu Opfer für die Menschheit zu schätzen wissen?

Vielleicht werden einige sich nur noch an die besondere Nacht, die Heilige Nacht seiner Geburt erinnern und nur wenige Jesus in ihrem ganzen Leben willkommen heißen …?“

Wenigstens an Weihnachten …

… die ganze Familie in die Kirche schreitet,
der Pfarrer an der Anzahl der Menschen sich weidet,
reicht aus der Platz? Werden alle reingehen?
So viele sind gekommen die Lichter *zu sehen …*

… zu sehen, die Kinder beim Krippenspiel,
geschmückt und verkleidet als König mit Stil
und Mensch und Schaf und Engelein Chören
mit Eselsohren --- um besser *zu hören …*

… zu hören, die Kinder mit Sprechen und Singen,
kaum zu verstehn`, viel zu leis` sind die Stimmen,
die sonst so laut aus den Mündern treten,
vom Wunsche beseelt, doch endlich *zu reden …*

… zu reden, zu den Eltern, beim Krippenspiel zumal
sie nicht widersprechen, welch Freude total,
den Mund nicht verbieten, und mal nicht weitergehn´
damit sie die Nachrichten besser *verstehn´…*

… verstehn´, wie selten sie sind die Momente,
unwiederbringlich geht das Kindsein zu Ende –
verprasst ist die Zeit mit Putzen und Tanken,
und wichtigen Geschäften und *Gedanken …*

… geh danken deinem Gott, ein Geschenk ist dein Kind
so kurz sie nur in deiner Obhut sind.
schenk dir selbst die Zeit in deiner Kinder Runde–
fürs Neue Jahr, jeden Tag eine Stunde ….

…. Wenigstens an Weihnachten

Brücken bauen

Sie überspannen tiefe Schluchten, breite Flüsse, ganze Täler oder sogar Teile des Meeres. Brücken ermöglichen uns die ungehinderte Reise durch unser Land. Staunend steht man oft vor den riesigen Bauwerken und kann es oft kaum glauben, dass dies wirklich, von Menschenhand geschaffene Bauwerke sind.

Doch sind es nicht die modernen, oft kilometerlangen Stahlbetonbrücken, die mein Interesse wecken. Vielmehr freue ich mich, wenn ich wieder einmal eine der sehr selten gewordene steinerne Rundbogenbrücke sehe.

Die hier abgebildete Brücke habe ich in der Nähe von Metterzimmern entdeckt.

Im letzten Krieg wurden die meisten dieser Brücken, überwiegend durch die Deutsche Wehrmacht selbst zerstört, um das Weiterkommen von alleierten Truppen zu behindern. Der (Alp)traum vom Endsieg war jedoch letztlich ausgeträumt und Deutschland befreit.

Weltweit hatte Hittler-Deutschlands Hass auf alle Andersartigen letztlich ca. 65 Millionen Menschen das Leben gekostet. Deutschland lag in Schutt und Asche. Viele Häuser, Brücken, Straßen und Bahnlinien zerstört. Zig tausende Vertriebene auf der Flucht – auf der Suche nach einer neuen Heimat.

Deutschland wurde wieder aufgebaut. Häuser, Straßen, Bahnlinien und auch Brücken entstanden aus den rund 400Millionen Kubikmetern Schutt. Die Brücken an den Straßen waren schneller wieder hergestellt, als die Brücken in den Herzen.

So wurden auch die Flüchtlinge aus den verlorenen deutschen Ostgebieten oft nicht sehr gern gesehen. Immerhin stellten sie eine Einschränkung des eigenen Lebens dar. ..

Und wie ist das heute?

Wie weit sind wir selbst mit dem Projekt „Brückenbauen“ gekommen?

Vor einigen Jahren hatte ich in einem Gemeindebrief schon einmal zum „Brückenbauen“ aufgerufen. Damals in Bezug auf die Jahreslosung 2003:

„Der Mensch sieht, was vor Augen ist; der Herr aber sieht das Herz an“ Dieser Aufruf sich nicht von Äußerlichkeiten und Befremdlichkeiten blenden zu lassen, sondern den Mensch im Menschen zu erkennen und zu akzeptieren, fällt uns damals wie heute schwer.

Solange es Kriege gibt, wird es Flüchtlingswellen geben. Es wird Menschen geben, die um zu überleben, ihre Heimat aufgeben und oft mit nichts als dem was sie am Körper tragen dorthin gehen, wo sie sich sicher glauben. Wie existenzbedrohend die Zustände in ihren Heimatländern sind, kann man auch daran erkennen, wie jegliche Sicherheit außer Acht gelassen wird. Oft fliehen ganze Familien in seeuntüchtigen, überladenen Booten übers Meer. Immer wieder gehen die Boote unter. Menschen verlieren auf der Flucht ihr Leben. Einen traurigen Höhepunkt erlebten wir mit dem großen Untergang am 03.10.13 bei dem vor Lampedusa zwar 155 Menschen gerettet wurden, jedoch rund 300 Menschen ertranken. Welche Dimensionen die Flüchlingswelle angenommen hat, können wir auch daran erkennen, dass die italienische Küstenwache von Januar bis Oktober rund 28000 Menschen aus Seenot rettete. Wie viele Boote unentdeckt gesunken sind weiß niemand.

Die Menschen in ihrer Heimat zu unterstützen, damit sie dort bleiben können, am Leben bleiben können, ist eine unserer Möglichkeiten zum „Brücken bauen".

Wir müssen dran bleiben, nicht nachlassen! Auch wenn es manchmal nicht so aussieht: unsere Spenden helfen mit zu bewegen, zu sichern und zu schützen. So bauen wir unsere „Brücke zum Nächsten"; auch in großer Entfernung.

Gottes Liebe ist der Mörtel der unsere „Brücke zum Nächsten" zusammenhält.
Wir können Gott nahe sein in dem wir sein Gesetz erfüllen: *„Du sollst den Herrn, deinen Gott, lieben von ganzem Herzen, von ganzer Seele und von ganzem Gemüt"* **und** *„Liebe deinen Nächsten, wie dich selbst".*

Gottesliebe und Menschenliebe, damit kommen wir Gott und damit unserem Glück nahe.

Gott nahe zu sein ist mein Glück.

Psalm 73,28

Engelshaar

Er kommt nach der Arbeit nachhause. Wieder einmal ist es „später“ geworden. Wieder einmal musste er länger bleiben, weil das Arbeitspensum so hoch geworden ist, dass er es in der normalen Arbeitszeit nicht bewältigen konnte. Mit zunehmendem Alter und abnehmender Leitungsfähigkeit wächst jedoch die Anforderung immer weiter an. Früher hatte er gerne hier gearbeitet, doch mittlerer Weile schleppt er sich Tag für Tag zur Arbeit und hofft irgendwie den Tag zu überstehen.

Viele Jahre schon, er weiß nicht mehr genau wie viele, quält ihn der eine Gedanke:
Kann das Alles sein?

Gut, er hat eine Arbeit, die er zwar hasst, aber mit der er seine kleine Familie gerade so ernähren kann. Von einem Leben in Luxus, wie er es in den Medien immer wieder vor Augen geführt bekommt, ist er jedoch weit entfernt. Da liegen Welten dazwischen …

Immerhin, Sie haben sich ein kleines Reihenhaus gekauft.

So gibt er Monat für Monat und Jahr für Jahr einen großen Teil seines Verdienstes an die Bank ab.

12 Jahre sind es „nur noch“.

Dann ist das Haus abbezahlt,

dann beginnt sein richtiges Leben,

dann endlich, wird er sich und seiner Frau den lang ersehnten Fernurlaub leisten können.

Dann gibt es vielleicht sogar ein neues Auto, ja einen richtigen Neuwagen.

Dann wird er alles Verpasste nachholen,

dann beginnt er endlich zu leben.

Dann schmeißt er den verhassten Job hin und sucht sich etwas Neues.

Nur noch 12 Jahre dann …. , ja dann ist er 59 Jahre alt.

59 Jahre, wer soll ihn dann noch nehmen?

Erfahrung hat er, aber was ist das schon Wert?

Leistung ist gefragt, nichts als Leistung – doch genau die kann er nicht mehr erbringen.

Er fühlt sich ausgebrannt.

Schon jetzt, mit 47 Jahren, ist es fast unmöglich einen gleichwertigen Job zu bekommen.

Aber weniger verdienen geht nicht, das Haus muss doch abbezahlt werden …

Es wird einfach nicht besser … Ein Teufelskreis ist das …

Er öffnet die Tür des kleinen Schlüsselhäuschens und hängt seinen Schlüsselbund hinein. Es ist ein Andenken an seine Großmutter. Auf der Türe ist eine Szene aus der „Guten alten Zeit“ eingestickt. Eine Großfamilie sitzt an einem großen Tisch in einem prächtigen Garten. Ein Fest – eine Hochzeit vielleicht? Ja, denkt er, da waren noch Zeiten, da galt man als Mensch noch etwas …

Er zieht seine Jacke und Schuhe aus, zieht seine Hausschuhe an und geht in die Küche.

Niemand zuhause? Denkt er noch so bei sich, da fällt ihm eine dass seine Frau ja seit kurzem abends eine Stelle angenommen hat. „Wir kommen kaum über die Runden“ hatte sie gesagt. Er hatte ihr nicht widersprochen und nur still dagesessen.

Bald ist Weihnachten, das Fest der Freude. Weihnachtlich ist ihm jedoch nicht zu Mute, auch wenn in den Geschäften schon seit Monaten die Schokoladen-Weihnachtsmänner stehen.

Er kommt nach der Arbeit nach Hause, sehnt sich danach sein Herz auszuschütten, doch niemand ist da. Wieder einmal sagt er zu sich selbst: „Ich kann machen was ich will, es wir einfach nicht besser …“

Gedankenverloren sitzt er am Tisch und starrt still vor sich hin.

Plötzlich hört er wie der Schlüssel in die Wohnungstüre gesteckt und herumgedreht wird. Er erwacht aus seiner Lethargie und hebt den Blick.

Seine Augen fangen an zu leuchten, denn vor ihm steht … seine Tochter Conny.

„Hallo Paps! Da komm ich ja wohl genau richtig.“ Conny stellt sich vor ihren Vater und lächelt ihn an.

Fassungslos stammelt er: „Was machst **du** denn hier, ich denke du feierst Weihnachten bei dir zuhause in Sidney?“

Conny war vor zwei Jahren mit Ihrem australischen Mann in die Nähe von Sidney gezogen, um dort mit ihm auf der Farm seiner Familie ihren Traum zu leben.

„ Das hatten wir auch vor, aber ich hatte mit Mutter telefoniert und was sie mir über dich und deinen augenblicklichen Zustand erzählt hat, ließ mir keine Ruhe mehr. Als wir dann am Sonntag in der Kirche waren, hörten wir eine Geschichte, die uns letztlich veranlasst hatte unsere Pläne zu ändern.“

„Eine Geschichte? Welche Geschichte konnte dich veranlassen um den halben Erdball zu reisen, um zu mir zu kommen?“

„Es ging um einen Abschnitt aus dem Buch Hiob, den ich dir mitgebracht habe.“

Sie setzte sich zu ihm, faltete ein Blatt Papier auf und las:

(Hiob,6 8-13)

Könnte meine Bitte doch geschehen und Gott mir geben, was ich hoffe! Dass mich doch Gott erschlagen wollte und seine Hand ausstreckte und mir den Lebensfaden abschnitte! So hätte ich noch diesen Trost und wollte fröhlich springen - ob auch der Schmerz mich quält ohne Erbarmen -, dass ich nicht verleugnet habe die Worte des Heiligen. Was ist meine Kraft, dass ich ausharren könnte; und welches Ende wartet auf mich, dass ich geduldig sein sollte? Ist doch meine Kraft nicht aus Stein und mein Fleisch nicht aus Erz. Hab ich denn keine Hilfe mehr, und gibt es keinen Rat mehr für mich?

Nach einer kurzen Zeit der Stille, blicke sie zu ihrem Vater auf und sah dass er Tränen in den Augen hatte.

Sie erhob sich, ging um den Tisch herum und schloss ihren Vater in die Arme.

Beide hielten sich eine Weile fest und als Conny ihren Kopf nach hinten warf, um ihren Vater anzusehen, berührten ihre langen Haare seine Hände ....

... und ihm war, als spürte er ... Engelshaar.

Printed by Books on Demand GmbH, Norderstedt / Germany